PICCOLO POLLO DI NAPOLI

PICCOLO POLLO DI NAPOLI

LUCE FILLOL

COUVERTURE DE
DOMINIQUE BILLOUT

ILLUSTRATIONS INTÉRIEURES DE
MARIE-NOËLLE CADIAU

MAGNARD JEUNESSE

I.S.B.N. 2 - 210 98802 0

1

LES NOUVEAUX VOISINS

AUJOURD'HUI, Luigi était content de rentrer déjeuner chez lui. Sincèrement, les autres jours, il aurait préféré, entre midi et deux heures, rester avec les camarades. Déambuler dans le quartier. Manger un morceau de pain et de fromage emportés le matin. Gagner quelques sous pour acheter une portion de pizza. Toute une merveilleuse liberté que les autres connaissaient. Mais qui n'était pas pour lui. Car allez donc discuter avec Mamma Maddalena ! Il fallait revenir à la maison. Comme un bébé. Et à heures fixes encore. A huit ans, pourtant, il y en avait qui travaillaient, déjà !

Dans la rue, le ciel éblouissant de Naples semblait fondre en longues coulées brûlantes. Luigi noua son mouchoir aux quatre coins et le mit sur sa tête.

Beppo arrivait subitement. A une allure folle, s'embarrassant dans les jambes des gamins qui sortaient de l'école. Et bondissant jusqu'à Luigi pour lui mordiller les mollets.

La voix du garçon se fit sévère.

— Démon ! Tu dois m'attendre devant la porte. Où était-tu ? ma che[1] !

Le chien se ramassa sur ses courtes pattes. Boule noire où seuls brillaient, implorants, des yeux de caramel clair. Et le petit lui accorda son pardon avec une brève caresse sur le museau. Car cela faisait aussi partie du jeu. La sévérité de l'enfant. Le repentir du chien. Le pardon. Tout était jeu entre eux. Et Beppo le savait bien, qui se mit immédiatement à sauter comme un fou.

Autour de Luigi et de Beppo, les élèves se dispersaient en courant. Quelques ménagères, prises dans la bousculade, intimaient avec vigueur en agitant les bras :

— Basta ! Basta ! (Assez ! Assez !)

Enzo Miletto survenait avec son paquet de journaux.

— Demandez *Le Réveil de Naples* ! Demandez *La Gazette napolitaine*. Demandez...

Il était déjà loin. Dans la foule qui s'écoulait vers la via Biagio del Librai. Il n'avait pas perdu de temps. Dès la classe terminée, il commençait son travail de vendeur de journaux. A dix ans, il se vantait de pouvoir rapporter jusqu'à sept cents lires[2] par jour à sa mère, et mille lires quand il n'avait pas classe.

---

1. Ma che (ma qué) : marque l'indignation.
2. 1 000 lires = 5 francs.

Un instant, le cœur de Luigi se serra sous une brusque poussée d'envie. Pouvoir, lui aussi, être pris au sérieux. Montrer aux copains qu'il était aussi dégourdi qu'eux. A Mamma Maddalena qu'elle pouvait lui accorder autant de confiance qu'à Tonia...

— Allez, viens, Beppo !

Ils s'engagèrent dans les ruelles. Se frayant un chemin à travers la foule, les légumes et les fruits des marchands étalés à même le sol, les détritus de toute nature.

Oui. Au fond, l'enfant était pressé de rentrer, ce matin-là, il savait qu'il y avait du nouveau dans sa rue. Trois jours auparavant, Fabrizio Torellini, était parti avec sa famille. Fabrizio, le meilleur copain du garçon. Il habitait le logis voisin de celui qu'occupaient les parents de Luigi. Et hier soir, Elisa avait annoncé que le local était loué et que de nouveaux voisins devaient s'y installer ce matin.

— Tu entends, Beppo ? Il y aura des enfants et nous nous ferons un copain. Il y en aura bien un de huit ans comme moi. Il remplacera Fabrizio. Il te manque, hein, Fabrizio ?

Mais Beppo prêtait bien peu l'oreille à ces confidences. Il venait de découvrir, dans un couloir, quatre chats. Mollement roulés à l'abri de la chaleur. Et il les délogeait. Sans pitié. Les chats juraient, faisant face. Le chien poussait des aboiements stridents. Des femmes se mettaient aux fenêtres, invectivant copieusement chien, chats, enfant.

Le garçon fit un geste de la main pour les apaiser. Elles pensèrent qu'il se moquait d'elles et redoublèrent leurs cris. Auxquels répondirent les hurlements de Beppo, et les miaulements des chats.

Il valait mieux abandonner la partie. C'est ce que firent Luigi et le chien en bondissant au milieu des cageots renversés qui encombraient le trottoir.

A cette heure-ci, le quartier Pendino s'animait de mille parfums, de mille bruits de cuisine. Les réduits qui servaient d'appartements, s'ouvraient de plain-pied sur la ruelle. Et dans les embrasures, Beppo reniflait en soupirant.

Luigi avait de plus en plus chaud. Ses pieds cuisaient dans les galoches. Sa mère lui avait promis des sandales. Il fallait simplement attendre qu'Aldo, le frère aîné, eût touché sa paie.

Décidément ces chaussures étaient trop lourdes. Il valait mieux les enlever. C'est ce que le garçon s'empressa de faire. Sur le trottoir ses orteils s'écarquillèrent à la fraîcheur de la pierre.

Et le tricot, à quoi servait-il sous ce soleil de juin brûlant? Mamma Maddalena disait :

— Un petit garçon bien élevé pour aller à l'école doit...

— Ah! Mamma n'était pas là. Et Luigi avait trop chaud. Et hop! Il enleva le tricot. Le noua autour de sa taille, remit le mouchoir cornu sur sa tête, enfila chacune de ses galoches dans une main. Et torse nu, bronzé, sautant comme un petit diable dodu, il repartit. Et tout à coup, il se mit à chanter, en scandant sa joie et sa chanson par le bruit des souliers qu'il frappait l'un contre l'autre.

— Hé! Piccolo Pollo! Che bella canzone[1]!

Il s'arrêta net. Là-bas, Enzo Miletto le regardait moqueur. Son paquet de journaux sous le bras.

Luigi chercha quelque chose de dur à répondre. Un gros mot par exemple. Mais il ne trouva rien et Enzo avait déjà filé. Il haussa les épaules, et repartit. Mais il ne chantait plus. Piccolo Pollo. Petit poulet. Bien sûr qu'il avait l'air de mériter ce surnom. Petit. Visage rond. Et surtout couvé d'une manière ridicule par Mamma Maddalena et par Elisa. Mais un jour, il leur montrerait...

Luigi et Beppo arrivaient maintenant dans le Vico dei Panettieri. Il fallut rappeler le chien à l'ordre. Il se ruait sur un des nombreux tas d'ordures qui s'étalaient à tous les coins de rues.

Devant l'estaminet de M. Benito, deux tables étaient sorties. Tonio et Gennaro Spazzolaventi s'étiraient sur des chaises installées à l'ombre.

— Hé, voilà l'étudiant!

C'était mieux que « Piccolo Pollo ». Mais, renfrogné, Luigi répondit :

— Au travail, paresseux!

Ces deux-là avaient beau être âgés de treize et quatorze ans, ils lui faisaient moins peur que ce grand dadais de Enzo.

Gennaro écarta les bras en riant.

— On a travaillé hier, sur les quais. Aujourd'hui on n'a rien trouvé.

Aïe! Mme Scotto, qui tordait du linge au premier

---

1. Hé! Petit poulet! Quelle belle chanson!

étage, leur envoya par mégarde une giclée d'eau en pleine figure. Luigi laissa l'eau couler sur ses épaules et le rafraîchir. Ce qu'apprécièrent de la même façon, les deux frères Spazzolaventi.

– Ah ! Comme c'est bon ! Encore Mme Scotto ! La douche gratuite, c'est une affaire !

Mais la brave dame ne songeait guère à plaisanter, à cette heure. Elle les menaça de les rafraîchir d'un seul coup avec une bonne bassine d'eau. Ce qui les réveillerait peut-être, et leur donnerait le goût du travail.

Et Luigi arrivait devant chez lui, qu'il percevait encore, en haut de la rue, la voix de la dame et le gros rire des deux frères.

Il avait maintenant un sujet d'attention beaucoup plus sérieux.

Elisa avait raison. Les volets de l'unique fenêtre de l'appartement voisin du sien étaient entrebâillés.

On apercevait les vitres, masquées par des rideaux bleus. Et la porte était ouverte.

Alors Luigi, s'arrêtant net, approcha de l'ouverture un visage curieux.

Vlan ! La porte claqua. Manquant de justesse de lui cogner le nez. Et une petite voix furieuse se faisait entendre au même moment à l'extérieur de l'habitation.

– Sale curieux ! Va t'habiller plutôt !

Fille ou garçon ? La voix était jeune, un peu rauque. En tout cas, ça commençait mal.

Il fallait pourtant se dépêcher de profiter du bon conseil. Il n'était pas question de se présenter ainsi débraillé devant Elisa. Le garçon s'empressa donc de se rechausser et d'enfiler son tricot. Non sans jeter des regards inquiets vers la porte qu'on venait de fermer avec tant de vigueur.

Mais plus personne ne bougeait dans l'appartement d'à côté.

Perplexe, l'enfant rentra chez lui.

Dans la lumière de la fenêtre, sa sœur Elisa, penchée sur sa couture, finissait une paire de gants en peau. Quand elle aurait achevé les six paires que Luigi était allé chercher mardi, il faudrait les rapporter au marchand, M. Martino.

Ce dernier confierait encore six autres paires. Et Elisa recommencerait.

Elle leva les yeux sur l'enfant. Des yeux rougis et fatigués, qui clignaient sans cesse.

— Ah ! Te voilà ! Nous allons vite manger. Papa a faim. Il est parti à cinq heures, ce matin. Il a beaucoup marché.

Et dans l'ombre de la cuisine, au fond, Luigi aperçut son père. Debout, face au fourneau.

— Bonjour papa. Tu n'as rien trouvé ?

Alfonso Falcone haussa les épaules.

— Rien. Quand je suis arrivé, il y en avait déjà trente qui attendaient devant la fabrique. Et ils n'en ont embauché que dix. Les plus jeunes naturellement.

Malgré son ton désabusé, son visage n'exprimait aucune amertume. Il avait l'habitude. Tous les jours, c'était ainsi. On courait après le travail. On en trouvait parfois. Pour huit ou dix jours. Après, on cherchait à nouveau.

Alfonso chantonnait. Il jeta les spaghettis dans la passoire. Maddalena, sa femme, avait préparé la sauce aux tomates avant de partir. Des tomates fraîches. Et le parfum d'origan qui s'en échappait embaumait la pièce.

Elisa se redressa.

— Ouf! J'ai mal au dos.

Luigi commença à mettre le couvert. Elisa rangeait son ouvrage dans du papier fin.

Et ils s'installèrent tous les trois autour du plat.

— Y a des nouveaux à côté?

Luigi posait la question d'un air indifférent. Mais Elisa rétorquait.

— Maintenant que Fabrizio Torellini est parti, tu voudrais bien qu'un autre copain de ton âge le remplace, hein? Hé bien, mon petit, je ne peux pas te renseigner. Je sais qu'il y a le père, la mère et deux enfants. Mais je n'ai pas eu le temps de les voir. Je travaille, moi, et j'ai autre chose à faire que de regarder ce qui se passe dans la rue. D'ailleurs si tu n'as pas de copain tu étudieras mieux tes leçons.

Au même instant, elle se levait avec vivacité et allait à la fenêtre.

— Je sentais bien leur odeur! s'écria-t-elle, Maria Nocetto fait griller des sardines devant sa porte. Elle empeste le quartier exprès pour montrer que son mari a trouvé du travail et qu'elle a pu faire un bon marché.

Luigi savait que l'odeur des sardines grillées n'avait jamais dérangé Elisa. Elle était fatiguée. Et de mauvaise humeur. Dans un moment, elle se mettrait peut-être à chanter, à tue-tête, en lavant la vaisselle. C'était ainsi avec elle.

Il laissa passer l'orage. Son père lui servait une portion de spaghettis. Juste cuits. L'enfant happait une longue fourchetée. La sauce rougissait son menton.

Il avala très vite, et interrogea encore.

— Des enfants ? Tu a peut-être vu si c'étaient des garçons ?

— Pas vu, je te dis. Tu les verras toi-même, ce soir. Ou demain. Pour l'instant, ils ne sont pas encore sortis. Ils ont amené quatre meubles dans une charrette. Ils clouent. Ils déclouent. Ils font du ménage. Ça en avait besoin là-dedans.

Elle se leva à nouveau pour mettre l'eau du café sur le feu. Luigi la regarda un moment s'activer devant l'évier. Est-ce qu'Elisa était jolie ? Il ne s'était jamais posé la question. Dix-sept ans. Petite. Brune. Des cheveux noirs, épais, sur les épaules. Non. Réflexion faite, elle n'était pas jolie. Tout au moins pas comme Tonia, son autre sœur. Celle de quatorze ans. Grande, fine. Cheveux courts. Une allure de demoiselle de catalogue. Mais Elisa était une brave fille et Tonia une vraie chipie.

Le repas s'achevait. Le père alla s'asseoir pesamment sur le lit de Tonia et d'Elisa, rangé contre le mur. La pièce servait à la fois de cuisine, de salle à manger et de chambre à coucher pour les enfants. Il suffisait d'y installer, après souper, deux lits pliants. Un pour Aldo. L'autre pour Luigi.

Luigi rêvait. Les coudes plantés de chaque côté de son assiette vide.

Beppo, dans son coin, finissait de laper son écuelle.

— Veux-tu une orange?

Luigi prit le fruit. Il le mangerait en route. Pour l'instant, il fallait se presser de retourner à l'école. Il sortit. Le chien sur ses talons.

2

L'ÉTRANGE VOISIN

DIMANCHE. Grand branle-bas dans la maison. Il est à peine huit heures. Mais Maman Maddalena a autre chose à faire que de regarder les siens dormir. Elle le crie. Elle le proclame. Et toute la ruelle doit retenir des éclats de sa voix puissante.

Luigi ouvre un œil. Dans le lit placé près du sien, Aldo ronfle encore, les cheveux mouillés de sueur et collés au front. Il est rentré tard cette nuit. Luigi l'a entendu. Il est certainement allé danser. Il y avait un bal sur la Piazza Nazionale.

La mère essaiera bien de savoir à quelle heure il est revenu. Mais Luigi dira qu'il dormait. Qu'il ne s'est pas aperçu de la rentrée du grand frère.

Tournée contre le mur, Tonia proteste. Elisa est déjà levée. Elle attache ses cheveux devant un petit miroir fixé au mur.

Dans la chambre des parents, le père siffle en se rasant.

Luigi sait bien que sa mère a un peu mal au cœur de les réveiller le dimanche. Si tôt. Mais que faire?

Tonia, placée comme femme de ménage dans la famille d'un marchand de tissus de la via Battisti, ne prendra aujourd'hui son travail qu'à dix heures. Exceptionnellement. Parce que c'est dimanche. Mais elle aura tout de même juste le temps de se préparer et de faire le trajet.

Le père ce jour-là, a la chance d'aider un ami qui tient un bar dans la via Medina. Une véritable aubaine. Le salaire plus les pourboires, cela n'est pas à dédaigner. Mais il faut être à l'heure.

Elisa restera seule à la maison. Mais Faustina et Carmela, ses deux amies, viendront peut-être lui tenir compagnie. D'ailleurs, elle n'aura pas le temps de s'ennuyer. Le dimanche, elle fait la lessive, le repassage et le raccommodage de la semaine.

Luigi s'étire. Mamma Maddalena proteste, fulmine, houspille les dormeurs. Et en un clin d'œil, les lits sont pliés et rangés. Chacun se retrouve devant un bol de café.

Tonia est la première partie. Elle a brossé ses cheveux courts et bouclés, serré sa taille jusqu'à en étouffer. Elle laisse derrière elle, un parfum tenace d'eau de Cologne.

Le père s'en va à son tour. Inspecté auparavant par sa femme qui l'a obligé à mettre une cravate.

Aldo bâille. Hier, la journée sur le chantier de construction où il travaille a été dure. La chaleur insoutenable lui a brisé les reins.

Sa mère le regarde, sourcils froncés, après avoir écouté ses plaintes.

— C'est pas le bal plutôt qui t'a fatigué ? A quelle heure es-tu rentré ?

Il élude la question en mettant sa tête sous le robinet de l'évier. Ça réveille. Ça rafraîchit. Et ça fait tenir la coiffure.

Luigi rêve. Lorsqu'il aura dix-huit ans, comme son frère, il ira danser lui aussi.

Aldo, devant le miroir, essaie d'aplatir les mèches qui frisent trop sur la nuque.

— Si tu les coupais ! gronde la mère. Cette mode des cheveux longs, c'est dégoûtant.

Aldo n'est pas de son avis. Il trouve que les filles le regardent davantage depuis qu'il a laissé pousser ses cheveux. Il l'explique complaisamment à Luigi, qui ne l'écoute pas, et se faufile discrètement dans la rue.

Les fenêtres claquent. Les portes s'ouvrent. Des vélomoteurs commencent à passer en pétaradant. Les gamins mal réveillés sont mis dehors. Il faut bien faire le ménage et, comme dans chaque logement il n'y a que deux pièces, les enfants, à moitié habillés, s'ébattent sur le seuil. On crie. On s'interpelle d'un appartement à l'autre. Et Beppo poursuit les chats avec une joie délirante.

La porte des voisins est ouverte. Luigi s'approche. Doucement. D'un air détaché. Comme s'il se promenait. Il va enfin connaître son futur copain. Il a eu tant de peine lorsque Fabrizio est parti. Ils avaient le même âge. Les mêmes jeux. Les mêmes fous rires. Et puis Fabrizio admirait Luigi, qui savait par cœur toutes les chansons napolitaines. Luigi aime bien qu'on l'admire.

A l'école, il est un des plus jeunes, et les autres le prennent souvent pour un bébé. Ce qui est stupide. Car il est capable de faire tout ce que font les grands. Chahuter. Rouler des épaules devant les filles.

Et puis non. Ce n'est pas vrai. Les filles agacent Luigi. Il les trouve criardes et vaniteuses. Comme Tonia. Mais il serait capable de travailler autant qu'un grand, si on le laissait faire.

Maintenant, Fabrizio est loin. Dans la compagne romaine, où son père a une place d'ouvrier agricole. Et plus personne ne prend Luigi au sérieux.

L'enfant se penche vers la porte des voisins. Hélas! On a tendu devant l'entrée, un grand rideau de toile grise. Dans la chambre, on distingue une voix de femme. Puis une voix d'homme.

Luigi s'approche de plus en plus. Il est tout contre le rideau. Un bébé pleure. Puis se calme. Et, soudain, dans le silence revenu, la voix rageuse, qui l'a déjà accueilli hier, le fait sursauter :

— C'est le sale curieux d'à côté!

On l'a vu à travers le rideau! Il fait un bond. Il est chez lui. Rouge de honte et de rage. Non. Décidément, ce méchant bonhomme ne sera pas son ami. Jamais.

— Vous vous pressez, vous deux? gronde Mamma Maddalena.

Ils sont prêts.

La mère fait ses recommandations à Elisa chargée de préparer le souper !

— Ne laisse pas la porte ouverte, à cause des mouches !

Tous les trois quittent l'appartement.

3

LE BEL ANNIVERSAIRE

PRÈS de chez eux, il y a une courette. Mme Falcone a le droit d'y déposer sa charrette. Une charrette à deux roues, à laquelle Aldo va s'atteler. Habituellement, la mère n'a besoin de personne. Mais le dimanche, chacun estime qu'on doit lui éviter un peu de fatigue.

Luigi prépare le réchaud, fait dans un vieux bidon. Il y entasse papier, petit bois et charbon. Il retourne à la maison chercher le parasol, la provision de charbon de la journée, le sac d'épis de maïs, et les fèves de lupin, gonflées à l'eau salée. 100 lires le cornet de « lupines ». 150 lires l'épi de maïs grillé.

Le soleil brille. Ce dimanche sera encore un merveilleux dimanche napolitain. Chaud. Lumineux. Rempli de flâneurs. Et plein d'amateurs de « lupines » et de maïs.

Ils partent. La charrette, durement secouée sur les pavés disjoints, avance. Tirée par Aldo. Poussée par Luigi. Beppo marche en tête. La Mamma toute ronde dans sa robe noire des dimanches, suit en soufflant.

Soudain, le front de la mère se fronce. Un jeune homme brun, appuyé contre un mur, les regarde venir en souriant.

— Un coup de main, madame Falcone?

— Merci. Mes enfants me suffisent. Je ne t'ai rien demandé.

Elle passe. Redressant sa courte taille. Pleine de dignité. Luigi et Aldo échangent un coup d'œil amical avec le garçon. Tandis que leur mère bougonne à voix assez haute pour être entendue de la rue entière.

— Je suis sûre qu'il va aller rôder du côté de nos fenêtres. A faire des sourires et le joli cœur devant Elisa. Mais que je l'y prenne!

Luigi renifle. Et laisse tomber d'une petite voix mal assurée :

— Moi, je l'aime bien Vincenzo.

Mme Falcone ne se contient plus. Elle explose :

— Ah! Tu l'aimes bien! Et sa mère, la Mateotti, tu l'aimes bien aussi! Celle qui m'a enlevé le pain de la bouche en me prenant la meilleure place sur la Strada Marina. Ah! Mamma Mia! Il faut que je voie ça! Mes enfants prendre le parti de ma pire ennemie!

Aldo jette un regard en coin à Luigi. Qui se fait tout petit à côté de la charrette et baisse les yeux piteusement.

Mais le grand frère a envie de taquiner la mamma aujourd'hui.

— Mamma, dis la vérité, c'est encore mieux comme ça. Tu as trouvé une place en plein dans la via Santa Lucia. Et à côté du kiosque des citronnades, encore ! C'est pas les clients qui te manquent. Toi, tu leur sales la bouche avec tes « lupines » et Henrietta, elle, leur passe la soif avec ses citrons.

Mais Maddalena n'a pas envie de plaisanter. Cette dispute avec Mme Mateotti, elle l'a encore sur l'estomac. Elle exhale sa rancœur comme elle peut :

— Hé ! Aldo ! Ne va pas si vite ! Tu vois bien que je perds la respiration ! Vous êtes jeunes, vous deux ! Pauvre de moi, vous vous moquez de ma fatigue, ma che !

Et la petite voiture, cahotante reprend un rythme plus modéré.

Ils sont arrivés. Le trajet a duré une heure. Aldo les a quittés. Il passera la journée à ouvrir des coquillages dans un estaminet du port. Il est payé au pourboire. Bientôt les touristes d'été afflueront et la place sera encore meilleure. Il y a des dimanches où il parvient à se faire 2 000 lires[1] de pourboires.

Mme Falcone en est très fière, et ne manque jamais de le glisser dans ses conversations avec les voisines.

Luigi s'est empressé d'allumer le feu de charbon dans le bidon. Il souffle. La fumée pique ses yeux. Mais la flamme prend vite et crépite.

Mamma Maddalena déploie le parasol où elle

---

1. 2000 lires = 10 francs, à peu près.

s'abrite chaque jour des rigueurs du soleil. Puis elle se laisse tomber en soupirant sur son tabouret.

— Quelle chaleur ! Mes jambes sont mortes.

De loin Henrietta, derrière ses chapelets de citron, leur fait un signe de bienvenue.

Puis Mme Falcone commence à préparer ses cornets. Tout en intimant à Luigi :

— Bon. Maintenant que le feu est pris, laisse les maïs. Je m'en occuperai. File vite à la messe, tu vas être en retard.

L'église de Santa Lucia est heureusement toute proche. Luigi, docile va s'y acheminer, mais sa mère le rappelle :

— Fais voir si tu as pensé à frotter tes galoches ? Tire tes chaussettes. Bon. Maintenant écoute. Après la messe, tu iras devant la statue de Santa Lucia. Tu feras une prière et tu lui diras qu'elle me pardonne si je n'ai pas le temps d'aller la voir en ce moment. Mais qu'elle prenne patience et qu'elle nous protège. Je lui promets d'aller brûler un cierge la semaine prochaine. N'oublie pas, hein ?

La commission à faire est longue. Mais Luigi prendra bien garde de ne rien oublier. D'abord parce que Mamma Maddalena lui a donné là une tâche de confiance. Ensuite, il faut le dire, parce qu'elle saurait bien le lui faire avouer s'il manquait à sa mission. Mais Luigi ira de bon cœur rendre visite à Santa Lucia. Il l'aime beaucoup. Elle est belle. Ses yeux sont en porcelaine bleue. Le marbre blanc de son voile est finement travaillé, on dirait du vrai tissu. Et puis elle regarde Luigi avec un air si doux, si gentil !

La messe terminée, Luigi est donc allé dire à Santa Lucia tout ce que sa mère lui a expliqué. Luigi a chanté de tout son cœur, à la messe. Cela lui plaît beaucoup. Maintenant, il se presse parmi la foule endimanchée qui sort de l'église.

Et il rejoint sa mère et Beppo qui l'attendent à l'ombre du parasol.

Non loin d'eux, un poissonnier a installé ses cageots. Les seiches et les crevettes exhalent d'âcres bouffées odorantes. Luigi s'asseoit sur le trottoir et rêve. Sa mère a promis que le jour où le père aurait trouvé une place stable, elle leur ferait un repas de poisson. L'enfant respire à pleins poumons ce parfum de marée qui vient jusqu'à lui.

— Allez, Luigi ! Il y a eu beaucoup de clients ce matin. On va pouvoir manger une bonne portion de pizza tous les deux. Tu t'arrêteras chez le marchand de légumes et tu nous prendras aussi une belle tomate fraîche à chacun. Et après ça, tu n'aurais pas envie d'une pomme ?

Luigi regarde sa mère, incrédule. Ce n'est pas possible. De la pizza, au lieu du pain et du fromage qu'elle a emportés ce matin ? Et une pomme pardessus le marché ? Pourquoi ce repas de roi inespéré ?

Mamma Maddalena le bouscule en lui tendant de l'argent.

— Allez ! Grosse bête ! J'avais oublié que c'était ton anniversaire aujourd'hui. Tu as huit ans, tu t'en souviens ?

Il a couru jusqu'au coin de la rue. Jusque chez

Aurélio, le roi de la pizza. Il a lancé d'une voix forte :

– Deux portions. Aux anchois. Avec beaucoup de mozarella[1].

Les deux pizzas sont brûlantes dans sa main. On les a sorties du four pour lui. Et il voit à travers le papier les coulées blanches et onctueuses de la mozarella fondue. Et maintenant, chez le marchand de légumes il choisit ses tomates. Longuement. Comme une ménagère, avisée. Rondes. Dures. Pas très mûres. Pour qu'on puisse les couper facilement en deux et mordre dedans. Et puis la pomme. Mamma Maddalena a été formelle. Une seule. Elle n'est pas folle au point de s'offrir du dessert. La bonne vente de la matinée ne lui a pas fait perdre la tête.

Et Luigi est revenu au parasol. L'ombre y est douce. On ne voit pas la mer mais elle n'est pas loin. Et l'on sent son haleine dans la brise qui vient de se lever.

Ils ont déjeuné. Luigi surveille la charrette pendant que sa mère, la tête appuyée au mur, se laisser aller à une brève somnolence.

Beppo, rassasié de pain et de fromage, a trouvé un coin idéalement frais sous la petite voiture.

Les promeneurs sont moins nombreux. Il est quatorze heures. L'agitation de la rue reprendra vers seize heures.

Et soudain une grosse voix les fait tous sursauter.

---

1. Fromage.

— Buon giorno[1] !

Et tout aussitôt :

— Peccato[2] ! Comme ils dormaient bien tous ! Et moi, je les ai réveillés !

C'est Mamma Tina. La sœur aînée de Mamma Maddalena. Une vieille fille que les enfants Falcone ont adoptée en l'appelant aussi mamma. Naturellement, pour les différencier, on y a ajouté les prénoms.

Elle est comme sa sœur. Petite. Ronde. Avec un visage lisse et joufflu. Et un chignon bien serré sur la nuque.

— Mamma Tina ! S'écrie Luigi en se redressant. Sais-tu que j'ai huit ans aujourd'hui ?

— Mamma mia ! Et alors vous avez fait la fête à ce que je vois.

C'est vrai. Les reliefs du festin sont encore visibles. Papier gras de la pizza. Epluchures de pommes. Tout est encore sur un coin de la charrette. Il reste une tomate que Mme Falcone n'a pas voulu manger. On l'offre à Mamma Tina. Qui ne la refuse pas. Et n'en a jamais mangé d'aussi bonne. Et pour ne pas être en reste, elle met dans la main de Luigi une belle pièce de 100 lires[3].

— Tiens. Va t'acheter ce que tu veux.

Oui. Mme Falcone permet que Luigi aille faire une petite promenade pendant qu'elles resteront à bavarder sous le parasol.

---

1. Bonjour !
2. Quel dommage !
3. 0,50 F. à peu près.

Et Luigi, ravi de la piécette qu'il tient dans le creux de sa main, s'est éloigné, suivi de Beppo. C'est vraiment le plus bel anniversaire qu'il ait jamais eu.

Ah! Si Fabrizio était là!

4

LA FIN D'UN BEL ANNIVERSAIRE

Il est arrivé à la via Sauro qui domine la baie de Naples. Il a actionné avec allégresse le bouton du feu vert.

Les autos se sont arrêtées. Et il est passé devant elles. Imbu de son pouvoir. Fier comme un chef. Tandis que les conducteurs regardaient, amusés, ce petit bonhomme traverser la rue sans se presser.

La mer est enfin là. L'enfant s'appuie au parapet. Un vent tiède lui ébouriffe les cheveux. Des voiles évoluent au large. Les vagues en rouleaux se frangent d'écume. Un navire se dirige vers le port. Sur les rochers, au bas du parapet, des baigneurs dorment en plein soleil. Et les mouettes ont des cris légers, comme alanguis de chaleur.

En face, sur la gauche, il y a le Vésuve. Colline bleue. Sommet estompé dans une brume fumeuse.

Au pied du volcan, Luigi sait qu'il y a les ruines de Pompéi. La ville autrefois ensevelie sous les laves et les cendres. Que Luigi n'est jamais allé voir et qu'il voudrait bien visiter un jour.

Il ne connaît pas non plus les îles de rêve dont Aldo, son frère, lui a parlé. Il sait qu'elles sont là-bas. Au fond de l'horizon. Posées sur l'eau comme de larges fleurs : Capri, Ischia, Procida.

Il a pris Beppo dans ses bras. Et il lui explique qu'un jour il l'emmènera en voyage. Qu'ils monteront ensemble sur un des nombreux bateaux qui permettent aux touristes de voir le littoral.

Et Beppo remue la queue et les oreilles. En léchant la main de son maître.

— Viens, dit Luigi. Nous allons jusqu'au jardin public. Tu pourras jouer sur la pelouse. Nous serons bien à l'ombre.

Et ils repartent. Au fond de sa poche, le garçon tâte sa pièce de 100 lires. Une fortune. Que va-t-il s'acheter? Un taralli[1] peut-être. Pas tout de suite. Non. Il gardera son trésor pour le montrer demain aux copains. Il voit déjà la scène. Le marchand de taralli devant la porte de l'école. Et lui, tendant sa pièce parmi les autres ébahis. Il haussera les épaules, d'un air indifférent.

— Je l'ai gagnée. J'ai travaillé dimanche.

Ils diront :

— Travaillé? A quoi?

Oui. A quoi? Il faut y penser. Au marché. A transporter des cageots. Ils le croiront facilement.

Et s'il pouvait aussi montrer son argent à son

---

1. Petit gâteau en forme de couronne. Très sec.

désagréable voisin. Celui dont il ne connaît pas encore la figure. Voilà qui prouverait à ce mauvais coucheur que Luigi n'est pas n'importe qui. Et qu'on doit lui parler avec respect.

— Hé, Luigi ! Où tu vas comme ça ?

C'est Gianni Mazzara. Il a dix ans. Mais plus que les deux ans de différence d'âge, c'est sa taille qui impressionne Luigi. Tout est en longueur dans sa personne. Sa silhouette maigre et étirée. Sa tête. Ses bras. A l'école on l'appelle « spago »[1]. Mais il ne s'en formalise pas.

— Je vais au square, répond le petit.

Il lui arrive à peine à la poitrine. Et se yeux se fixent, inquiets, sur le visage plissé de malice de Gianni.

Ce dernier va-t-il essayer de le taquiner comme il aime le faire habituellement ? Par exemple en l'appelant « Piccolo Pollo ». Ce qui met chaque fois Luigi en fureur.

Mais Gianni, aujourd'hui, n'a envie de se moquer de personne. Il fait trop chaud. Et sa boîte de travail accrochée à son épaule pèse trop lourd. Car Gianni, en dehors des heures de classe, est cireur de chaussures.

— Tu as bien travaillé, ce matin ? Interroge Luigi.

— Bah ! grogne l'autre. Quatre clients. A 100 lires[2] chacun. Fais le compte. Il a bien fallu, là-

---

1. Ficelle.
2. 100 lires = 0,50 F.

dessus, que j'achète une pizza pour « croûter ». Qu'est-ce que je vais entendre à la maison ! C'est pas ma faute. Les gens s'en moquent maintenant d'avoir ou non des souliers sales.

Il crache, dégoûté.

— Y a plus de dignité !

Il fait une grimace. Son visage semble vieillir d'un seul coup.

— Le père a toujours pas de travail. Et nous, les huit gosses, faut bien qu'on se débrouille pour manger. Tu sais, même le dernier, celui qui a sept ans, il a trouvé de l'embauche chez le matelassier. Le veinard, il va plus à l'école. Et il carde la laine du bonhomme toute la journée.

Ça y est. Sa figure a repris sa mobilité. Et sa voix son accent gouailleur.

— D'ailleurs, ton père non plus il a pas de travail.

Dans les joues rondes de Luigi, un sourire se creuse.

— Oui. Le dimanche, il aide dans un bar.

— Hé bien ! Il doit pas avoir soif.

Est-ce qu'il plaisante encore ? Luigi ne sait jamais avec lui. Mais l'autre pense déjà à autre chose.

— Je viens avec toi. On retrouvera sans doute des copains là-bas.

— Tu crois ?

— Oui. Ils avaient une idée.

Les copains, ce sont ceux de l'école et du quartiere Vecchio[1]. Leur idée, Luigi ne va pas tarder à la connaître, car ils sont arrivés au square.

---

1. Quartiere Vecchio : le vieux quartier.

A l'ombre des arbres et des buissons, des jeunes gens aux habits disparates, dorment.

— Des hippies, explique Gianni, méprisant.

Ceux-là n'intéressent pas les deux enfants. Beppo s'amuse un instant à les renifler. Il se fait durement rabrouer par les dormeurs dérangés.

Sous la pesanteur de l'été, le jardin semble somnoler. Mais soudain, des cris et des rires percent le silence.

— Les copains sont-là. Constate Gianni.

Ils sont là, en effet. Une bonne quinzaine. Dans le bassin central rempli d'eau. Tous absolument nus. Pataugeant. Plongeant. Se laissant asperger avec volupté par le jet qui s'élance au milieu de l'édifice.

Leurs vêtements sont épars sur la pelouse. Et Gianni a vite fait de se débarrasser des siens et de sauter à son tour dans l'eau fraîche.

— Allez, viens, Luigi !

Que doit-il faire ? S'il reste à l'écart, il sera encore appelé « Piccolo Pollo ». S'il va avec les autres et que sa mère l'apprenne... Et si le garde arrive... et s'ils ont un procès... Cela doit être grave de se mettre nu dans un bassin public... est-ce qu'on risque la prison ?

Les autres continuent de plonger avec impétuosité. Ils s'envoient des paquets d'eau au visage. Ils se ruent sous le jet avec des hurlements de joie. C'est la festa !

— Hé ! Piccolo Pollo !

C'en est trop. Il a ôté galoches, chaussettes, pantalon, tricot. Il ne reste plus que le slip. Une dernière hésitation et hop! le slip a volé près des autres linges épars. Logiquement, il ne pouvait le garder. Mamma Maddalena se serait vite aperçu qu'il était mouillé.

Et voilà Luigi à son tour dans le bassin. Il ne regrette rien. C'est merveilleux. L'eau est d'abord glacée. On suffoque. Puis, subitement, on la sent tiède et douce. C'est mieux que la mer.

Le garçon se laisse aller au fond. Il est submergé. Englouti. Et une cabriole le ramène à la surface. Près de Beppo qui nage comme un dauphin.

Une femme, attirée par leurs cris, s'est avancée.

La vision de tous ces garçons nus, hurlant, gesticulant, la remplit de stupéfaction, d'abord. D'indignation, ensuite. C'est une honte. Un scandale. Elle lève les bras. Invective les gamins. Se voile la face de ses deux mains. Et se sauve en les menaçant du garde.

Ils n'ont cure de sa réprobation. Ils sont trop heureux. Et Luigi, ivre de joie, bondit sous le jet d'eau. Il plie les épaules sous la chute vigoureuse qui l'asperge. Il est aveugle. Il est sourd. Il est bien.

Quand enfin il sort de sa béatitude, le spectacle qui l'entoure le cloue d'horreur. Il est seul dans le bassin. Ses compagnons ont subitement fait le silence et se sont jetés sur la pelouse. Ils enfilent leurs vêtements à la hâte. Ils fuient à toute allure.

Un regard affolé aux alentours. Luigi a compris. Là-bas, à la grille principale, le képi du garde apparaît.

L'enfant a fait un bond. Où sont ses vêtements? Il

les avait posés là. Voici le pantalon. Plus loin, les galoches. Le slip enfin. Mais où est le tricot? Le tricot rayé, bien propre, presque neuf. L'unique tricot qu'il possède et que chaque semaine Elisa lave et repasse. Hélas! Il n'y a plus sur la pelouse qu'un vieux tricot. Déchiré. Sale. Que Luigi contemple ahuri. Un copain sans scrupule a fait l'échange.

Mais il faut parer au plus pressé. Courir. Se mettre hors de vue de garde. C'est ce qu'il fait. Sans s'habiller. Serrant contre lui ses vêtements et le vieux tricot. A toute allure. Fesses au vent. Jusqu'aux buissons qu'il a repérés à l'autre bout du jardin.

Là, il s'habille. Tremblant de tous ses membres. S'attendant à voir surgir à chaque instant l'uniforme redouté.

Et il reprend le chemin qui va le ramener à la via Santa Lucia. Il a bonne mine parmi les promeneurs élégants du dimanche. Avec ses galoches et son torse nu. Une rage folle fait battre son cœur à grands coups. Il ne retrouvera jamais son tricot. Le garçon qui lui a laissé le beau trophée en loques qu'il tient dans ses mains, ne se fera jamais connaître. Il n'a aucune illusion là-dessus. Et puis maintenant, il y a deux mammas à affronter. D'ailleurs il doit être en retard et elles l'attendent certainement de pied ferme, là-bas sous le parasol. Quelle histoire! Ça va en faire du bruit!

Beppo, désorienté par la foule, se presse contre ses jambes. Ils sont pitoyables tous les deux.

— Ah! Mamma mia! c'est un triste anniversaire!

5

LA RENCONTRE

Et il y eut du bruit, en effet. Cela commença dans la via Santa Lucia. Sous le regard amusé des promeneurs et des acheteurs de « lupines ». Mamma Maddalena utilisa la première les plus beaux effets de son répertoire. Puis Mamma Tina prit le relais. Et enfin, elles s'y mirent toutes les deux à la fois.

Luigi, accroupi près de la charrette, recevait l'orage. Et Beppo, terrorisé, cachait sa tête entre ses pattes.

On plia bagages plus tôt. Mamma Tina les quitta. Elle avait promis de garder les gosses d'une voisine qui allait au cinéma.

Et l'on remonta la rue et les ruelles descendues le matin.

Mais si Luigi avait misé sur l'essoufflement de sa mère pour espérer le silence, il fut bien déçu. Jamais Mme Falcone ne s'était senti autant de puissance dans les cordes vocales. Et tout le long du chemin, ils eurent un beau succès de curiosité. Surtout dans les ruelles où ils étaient connus.

– Ce qu'il a fait... Je vais vous le dire, moi...

Et Luigi, cramoisi, baissait la tête. Et la Mamma recommençait son histoire. Le tricot perdu embellissait d'ailleurs étrangement à chaque narration. De tricot presque neuf au début, il était devenu tout neuf, et enfin « tricot de toute beauté ».

Le soir, quand la famille au complet fut réunie, cela recommença. Avec la voix criarde de Tonia qui disait :

– S'il faut lui racheter un tricot, on ne pourra pas m'acheter un corsage, alors? Vous me l'aviez promis! Je travaille, moi!

Et le père ajoutait ses exclamations excédées et ses prédictions lugubres : cet enfant les ferait mourir de mauvais sang. Mais on allait le dresser. Et sous peu.

Et Elisa défendait le petit avec véhémence.

Et Aldo riait aux éclats au milieu de ce vacarme.

Après souper, Luigi mit longtemps à s'endormir. Et puis ce matin, la tempête était déjà finie. Effacée. Mamma Maddalena avait repris sa voix habituelle. Tonia chantait en se coiffant. Aldo sifflait. Et le père déclara, dans la bonne humeur générale :

– Mes enfants, si je trouve du travail aujourd'hui, dimanche prochain, nous ferons du riz aux calmars!

Seulement, voilà, tout n'était pas complètement arrangé. Car Luigi n'avait qu'un tricot. Et celui-ci disparu, le garçon n'avait plus rien à se mettre pour aller à l'école.

Mme Falcone fit ses comptes. M. Falcone retourna les doublures de ses poches. Aldo opéra de même. Et Luigi honteux, ne put faire moins que de tendre la pièce offerte par Mamma Tina.

Il fallait au moins 750 lires pour un tricot. Et si l'on prélevait cette somme sur les maigres revenus de la semaine comment achèterait-on le nécessaire pour vivre? Sans oublier que dans dix jours, il y aurait le loyer à payer. Il fallait garder suffisamment d'argent. Impossible. D'ailleurs, les marchands n'ouvraient qu'à neuf heures.

Donc Luigi n'irait pas à l'école. Pour l'instant. Et on lui rendit sa pièce de 100 lires.

Sa sœur Elisa proposa alors de lui tailler en deux jours, un vêtement dans un vieux tricot d'Aldo. Elle couperait les morceaux encore bons. Raccommoderait les petits trous. Un coup de fer pour écraser les coutures.

Et l'optimisme revint.

Donc, voilà Luigi véritable gagnant dans cette aventure. Il aura un nouveau tricot. Il n'ira pas à l'école pendant deux jours. Deux jours à rester près d'Elisa. A se faire dorloter par elle...

Peu à peu, la maison retrouve son calme. Chacun s'en est allé à ses occupations journalières. Et Luigi offre ses services à Elisa pour l'aider aux soins du ménage. Luigi et Beppo sont immédiatement mis à la porte. Elisa aime avoir la paix quand elle travaille.

Le garçon est venu s'asseoir sur le seuil. Il a d'abord craint d'être le point de mire de la rue. Les éclats de voix d'hier ont dû s'entendre de loin. Mais il y a tant de cris dans les maisons, le soir!

Devant lui, les ménagères vont, viennent. Sortent pour interpeller un enfant. Secouent des draps. Ou s'attroupent pour discuter un moment.

L'ombre est fraîche dans la ruelle. Et Luigi, le torse nu, s'étire comme un chat. Elisa lui a recommandé de prendre un livre. Il a obéi. Mais son regard quitte fréquemment les pages, pour se diriger vers la porte des nouveaux voisins.

Son attente n'est pas vaine. Le rideau gris se soulève. Le garçon fait mine de se plonger dans la lecture. Quelqu'un s'est assis sur le seuil. Il épie les bruits et essaie de deviner sans lever la tête. On tire une caisse. Il ne peut plus résister à sa curiosité. Il lève les yeux.

C'est une fille ! Et une petite fille, par-dessus le marché ! Elle penche la tête. Examine Luigi. D'une manière qu'il juge effrontée.

— C'est toi le curieux ? Tu es toujours tout nu. Tu n'as pas de chemise, alors ?

Elle a de la suite dans les idées ! Il ne trouve rien à répondre. Il la dévisage. Elle a des cheveux noirs, nattés serré de chaque côté de la tête. Elle est drôlement assise. Sur une vieille couverture. Les jambes repliées sous elle.

— Comment t'appelles-tu ?

— Angela. Et toi ?

— Luigi. Qu'est-ce qu'il y a dans cette caisse ?

— Mon bébé.

— Ton bébé ? Quel âge as-tu ?

— Six ans.

— On n'a pas de bébé à six ans.

Elle fronce ses yeux trop grands dans son maigre petit visage.

— Oui. On peut. Tu vois, moi j'en ai un.

Au même instant, une voix très douce intervient de l'intérieur.

— Angela, cesse de raconter des histoires qui n'ont ni queue ni tête à ce pauvre garçon. Montre lui plutôt ton petit frère.

Angela fait la moue et précise d'un air faussement apitoyé.

— C'est le pauvre petit garçon d'à côté qui n'a pas de chemise.

Luigi, furieux, est prêt à riposter.

Mais une femme apparaît. Elle est jeune. Très frêle. Surtout quand on la compare à Mamma Maddalena, ou à mamma Tina. Elle sourit.

— C'est toi, Luigi? J'ai entendu ton nom. Viens voir Eduardo. Il a six mois. C'est un beau bébé, n'est-ce pas?

Luigi s'approche.

L'enfant, dans sa caisse, dort sur un tas de coussins et de chiffons. Il est pâle. Chétif. Comme Angela. Peu enthousiaste, Luigi répond :

— Oui.

La femme est repartie à ses occupations. On entend, maintenant, ininterrompu, le ronronnement de la machine à coudre.

Angela tire le garçon par la manche.

— Hé! C'est toi qui as reçu une bonne correction, hier?

Sa voix, un peu rauque, a l'air de jubiler. Une

correction ? Elle est folle. On ne bat pas les enfants chez les Falcone. On les gronde. C'est tout. Et Luigi qui s'est rassis, le lui explique avec patience.

Puis le silence s'installe entre eux. Et cela devient presque gênant. Alors Luigi essaie de relancer la conversation.

— Tu vas pas à l'école ?

— Je garde le bébé. Ma mère travaille à sa couture. Je sais le changer, lui donner son biberon et l'endormir.

De toute évidence, elle est très fière de son rôle. C'est encore une poseuse, comme Tonia, celle là. Une prétentieuse.

Il va tout de même faire encore un petit effort. Il va chercher les quatre cailloux ronds qu'il a choisis avec soin et rangés dans une boîte.

— Tu sais jouer aux osselets ?

— Bien sûr.

— Tu veux jouer avec moi ?

— D'accord.

Il est prêt à toutes les magnanimités. Si elle s'est vantée et qu'elle ne sait pas jouer, il lui apprendra le jeu.

— Viens ici, ordonne-t-elle sans se déranger.

Il s'exécute et s'asseoit devant la porte.

La partie commence. Sous l'œil intéressé de Beppo et du petit Nocetto qui s'est avancé vers eux. Avec condescendance, Luigi lance, le premier, les cailloux. Il faut bien qu'il montre à Angela comment un bon joueur procède. Puis, le tour d'Angela arrive. Et le garçon sidéré voit la main de la petite fille s'élever, voler, virevolter avec une précision inimaginable. Les pierres s'élancent, disparaissent, reviennent. Jaillissant à nouveau. Rattrapées de justesse. C'est une féerie que de la regarder jouer. Mais il est battu. Elle a gagné huit parties sur dix.

Bon, d'accord, pour les osselets. Elle est la plus forte. Il s'incline. Mais on va voir au ballon ce qu'elle sait faire. Là, on rira peut-être.

Mamma Tina lui a offert un beau ballon rouge et bleu. A tranches. C'est son seul jouet et il sait s'en servir !

Le garçon rentre chez lui. Ressort avec le ballon.

— Allez, une partie de foot, maintenant. On peut. On gêne personne à cette heure-ci.

Mais qu'a-t-elle ? Sa figure rieuse il y a un moment, s'est fermée. Ses yeux se durcissent. Elle a presque l'air méchante ainsi.

— Non. Joue tout seul.

Elle baisse la tête. Elle boude. Elle est vraiment fantasque, la petite voisine !

Hé bien ! Il jouera seul. Il lui fera même une véritable démonstration. Il explique avec complaisance :

— Ça, c'est une passe ! Attention ! Je feinte. Et vlan ! dans les bois !

Non. Pas dans les bois. Mais par-dessus la tête d'Angela. Le rideau ayant été tiré sur le côté, le ballon est entré dans le logement.

La fillette n'a pas changé d'attitude. Elle reste assise en tailleur. Elle fixe le garçon avec une sorte d'arrogance dans le regard.

Le ballon en bondissant n'a rien cassé, heureusement. Il est resté coincé sous une chaise. Dans la pièce à côté, on entend toujours le bruit de la machine à coudre.

— Tu es content ? Demande sèchement la petite.

— Oh ! Ce n'est pas grave. Tu vas aller me le chercher.

— Non.

— Tu ne veux pas ?

Décidément, il n'a jamais vu une telle petite peste.

— Si tu veux ton ballon, dérange-toi.

C'est facile à dire. Plus compliqué à faire. On n'entre pas comme ça chez les voisins. Surtout des voisins dont on vient à peine de faire connaissance. Si Elisa le surprend, il se fera encore secouer.

Il supplie :

— Va me chercher mon ballon. Sois gentille.

— Non.

Elle est butée. Méchante. Entêtée comme une mule. Elle le lui paiera.

Il passe devant elle. Furieux. La bouscule un peu, exprès. Entre dans la cuisine. Reprend son ballon. Et ressort vivement, comme un voleur.

Mais dans sa précipitation il a heurté la caisse. Le bébé se réveille en pleurant.

Angela s'est levée d'un bond.

— Va-t-en. A cause de toi, j'allais oublier le biberon d'Eduardo.

Pourquoi s'en irait-il ? Elle n'a qu'à aller faire son biberon. Il ne l'en empêche pas.

Elle s'appuie à la caisse. Elle apaise le bébé en lui parlant doucement. Elle devrait plutôt courir lui préparer son repas.

Son visage se lève vers Luigi.

— Va-t-en ! Va-t-en !

Elle est folle ! Pourquoi cette insistance ? Pourquoi ce regard furieux ?

Elle crie, maintenant.

— Curieux ! Sale curieux !

Oh ! Il s'est assez posé de questions ! Cette petite sotte veut se rendre intéressante. Il ne faut plus s'en occuper.

Luigi, excédé, est rentré chez lui. On ne l'y reprendra pas de sitôt à faire des frais d'amabilité pour une fille. Ma che !

6

LE SECRET D'ANGELA

ELISA parlait, les dents serrées sur ses épingles.

— Voilà. Le col sera impeccable. Ce tricot te va mieux que l'autre, qui commençait à être un peu juste. Attention lève le bras. Tu as forci depuis quelques mois.

Luigi levait le bras. Dressait la taille. Et gonflait ses poumons pour augmenter encore sa carrure.

Le tricot était en coton. Un peu épais pour la saison. Mais si doux à toucher ! Marron rayé de rouge. On voyait à peine les fines reprises sur lesquelles Elisa avait passé la matinée.

Le garçon aurait bien voulu dire un compliment. Ou, au moins, une phrase de remerciement. c'était logique. Mais la perspective d'être ridicule arrêtait les mots sur ses lèvres. Un instant, il pensa embrasser Elisa. Un petit baiser léger sur la joue. Mais il se sentait de plus en plus embarrassé.

— Alors, tu pourrais dire merci, non ?

Sa sœur le regardait, sourcils froncés. Il s'enferra dans son attitude empruntée. Et se tint gauchement devant la jeune fille. Tantôt sur un pied. Tantôt sur l'autre. Ce fut elle qui l'embrassa en éclatant de rire.

— Tu es le plus grand idiot de la terre!

Il eut la tentation de lui rendre son baiser. C'était trop tard. La tête emprisonnée dans le tricot qu'Elisa lui enlevait, il protesta.

— Les épingles me piquent. Presse-toi.

Mais, le tricot ôté, Elisa ne s'occupait déjà plus de lui.

Quelque chose, à travers les vitres de la fenêtre, attirait son regard.

Luigi la vit qui passait ses doigts dans ses cheveux. Arrangeait la frange sur son front. Machinalement. Et les yeux fixes. Comme effrayés.

Le garçon, alors, s'approcha à son tour. Et il se pencha pour voir.

Dans la rue, il y avait le branle-bas habituel. Un marchand ambulant appelait les acheteurs. Les ménagères s'empressaient autour de deux paniers posés à terre.

Et soudain, à droite, Luigi aperçut Vincenzo Mateotti. Vincenzo qui regardait la fenêtre des Falcone. Cette fenêtre derrière laquelle Elisa le voyait sans qu'il s'en doutât.

Et l'enfant pensa aussitôt que cela pouvait durer longtemps. Elisa, plantée, immobile, derrière ses rideaux. Vincenzo, silencieux, en attente, de l'autre côté de la rue.

Elisa murmura d'une voix blanche.

— Si Mamma le voyait, elle nous tuerait tous les deux.

L'enfant pensa encore que Mamma Maddalena n'avait jamais tué personne. Et pourtant, ce n'était pas faute de l'entendre à longueur de journée.

— Si tu déchires ton pantalon, je te tue, si Aldo sort encore cette nuit, je le tue, Si Tonia se met du noir aux yeux, je la tue.

Et le pantalon revenait souvent déchiré, et Aldo sortait la nuit, et Tonia arrivait toujours à cerner ses yeux de noir. Et personne n'était mort dans la famille.

Et puis surtout, il pensa qu'il devait bien une gentillesse à Elisa. Elle était trop froussarde. Ah! Si ç'avait été Tonia, elle n'aurait eu besoin de personne pour sortir et faire des manières à son amoureux! Ce Vincenzo aussi se laissait terroriser par Mamma Maddalena! Il faudrait que Luigi lui expliquât un jour la manière de s'y prendre avec elle. C'était facile au fond, quand on la connaissait.

Elisa regardait toujours Vincenzo. Et Vincenzo regardait toujours la fenêtre.

Alors, avant que sa sœur ait pu l'en empêcher, le garçon sortit. Jouant les étonnés. Et s'exclamant :

— Ah! Mais c'est Vincenzo. Bonjour!

Et Vincenzo s'avança. Sa figure inquiète un moment auparavant, s'était éclairée d'un seul coup.

— Bonjour, Luigi! Ça marche à l'école?

Mais l'enfant ne répondit pas à cette question. Qu'il trouvait saugrenue d'ailleurs. Il appela avec une apparente ingénuité.

— Elisa ! Elisa ! viens dire bonjour à Vincenzo.

Elisa sortit.

Luigi pensa :

— Si elle l'apprend, je dirai à Mamma Maddalena que c'est ma faute.

Il entendit Vincenzo qui disait :

— Elisa, je suis définitivement embauché à la cimenterie. Je commence demain. J'ai une place. Qu'est-ce qu'elle peut dire, ta mère ?

Luigi n'écoutait plus. Il avait fait le maximum pour eux. Qu'ils s'arrangent maintenant avec les familles respectives. Vincenzo était doux, réservé. Avec Mamma Maddalena, il valait mieux discuter énergiquement.

Un coup d'œil, pourtant, au visage de sa sœur le remplit d'importance. La jeune fille souriait. Elle rayonnait de joie. Et cela c'était son œuvre, à lui, Luigi.

Voyons maintenant la réaction suscitée chez les commères du quartier par la conversation des deux jeunes gens. Luigi, se mêla au groupe des acheteurs. Non, tout allait pour le mieux de ce côté-ci. Il y avait beaucoup de remue-ménage dans la rue et les ménagères étaient affairées.

Mme Nocetto, prenait trois kilos de tomates. Et une belle provision d'oignons. Sept enfants. Dont l'aîné avait quatorze ans. On ne pouvait pas badiner avec les quantités !

D'ailleurs, son mari avait trouvé un emploi sûr. A la gare. Il portait les bagages. Un jour il aurait peut-être un uniforme. Aucune raison de se priver de nourriture.

Les autres voisines l'écoutaient. Admiratives. Envieuses aussi. Felippo, le dernier des Nocetto, mordait à pleines dents la chair rouge d'une tomate. Barbouillant sa figure du jus qui dégoulinait jusque sur son tablier. La mère, s'en apercevant, l'admonestait à grands cris. Les femmes, autour, riaient et s'exclamaient. Le petit sans sourciller, continuait sa dégustation.

Mme Di Meglio, la maman d'Angela, arrivait. Timide. Effacée dans ce brouhaha. On faisait immédiatement un cercle dont elle était le point de mire. Elle n'habitait ici que depuis trois jours. On devait s'informer. Gentiment. Façon de lui témoigner de la sympathie.

Un peu effarouchée, elle avait posé à terre, son couffin, plein de tomates qu'elle venait d'acheter.

Et c'est alors, que Luigi, lancé décidément dans les bonnes actions, ce matin, se précipita sur le panier.

— Je vous le porte chez vous, madame.

Il courut. Sans attendre l'avis de Mme Di Meglio. L'anse à son bras.

Il frappa à la porte. Entra.

Angela était là. Debout. Derrière la table. Un chiffon de poussière à la main.

— Qu'est-ce que tu viens faire ?

— Tu vois. Je porte le panier de ta mère.

— On t'a rien demandé, monsieur-je-me-mêle-de-tout.

Au même instant, un cri strident retentit dans la pièce contiguë.

— Eduardo ! Il est peut-être tombé du lit !

Et elle se dirigea vers la chambre. Péniblement. Son petit corps basculant sur le côté. A chaque pas. Une hanche comme disloquée. Avec une jambe malhabile, raide, qui n'arrivait pas à suivre le mouvement du corps. Et c'est à ce moment que Luigi comprit : Angela était infirme.

Il resta dans la pièce. N'osant ni bouger, ni sortir. Le cœur serré. Stupéfait.

La petite fille revenait. Par quel miracle de volonté et d'amour, pouvait-elle tenir le bébé dans ses bras ? Le chétif Eduardo n'était pas lourd. Mais près du corps maigre de la fillette, il paraissait énorme.

Elle ordonna, avec sécheresse, comme une petite bonne femme acariâtre.

— Bouge un peu. Tire la caisse devant la porte.

Il obéit. Muet. Tremblant. Prêt à toutes les concessions.

Il l'aida à installer le bébé sur les coussins. Puis elle soupira. Comme après avoir échappé à un grand danger.

— Il n'est pas tombé. J'ai eu peur. Il se serait fait mal, tu sais. Il est si petit.

Et, subitement, elle lui fit face.

— Alors, tu ne m'as jamais vue ? Qu'est-ce que tu as à me regarder comme ça ?

Elle lui tourna le dos. Vint s'asseoir sur le seuil. Jambes repliées sous elle. Comme la première fois qu'il l'avait aperçue.

Elle ne s'occupa plus de lui. Et entreprit de natter ses cheveux dénoués sur ses épaules.

Comment lui parler, maintenant? Elle le glaçait avec son air mauvais. Comment sortir aussi, avec la caisse qui barrait l'entrée?

Se donnant une contenance, il tortillait la poche de son pantalon. Et n'osait ouvrir la bouche. L'air idiot, il s'en rendait bien compte.

Mme Di Meglio revenait :

— Ah! Tu es là, Luigi. Merci pour le panier.

Il n'eut pas le temps de répondre.

La petite voix d'Angela s'élevait. Une voix totalement changée. Non plus hargneuse et agressive. Mais basse. Voilée. Celle d'une petite fille qui a un gros chagrin et se retient pour ne pas pleurer. Une voix que Luigi ne lui connaissait pas.

— Mamma... est-ce que Luigi va aussi m'appeler « la boîteuse » comme ceux de l'ancienne rue où nous habitions?

Mme Di Meglio tourna la tête. Contempla un moment les deux enfants. Angela. Front baissé. Lèvres boudeuses. Luigi. Qui ne savait que secouer négativement la tête. En roulant des yeux effarés. Comme quelqu'un accusé injustement.

La jeune femme s'approcha de la petite.

Sa voix aussi se voila un peu.

— Non. Tu peux être tranquille. Ni Luigi ni personne d'autre ne t'appellera jamais ainsi.

Le garçon, ravalant sa salive, continuait de mimer ses dénégations.

Angela leva les yeux sur lui. Son ton redevint plus assuré. Plus clair.

— Mamma... explique-lui ce qui va se passer...

Mme Di Meglio sortait les tomates du panier. Prenait un couteau. Et commençait à peler. Tout en répondant posément :

— Oui. Nous allons le lui expliquer. Toutes les deux. Voilà. Angela a été examinée par le professeur Di Baptista de l'hôpital.

— C'est le plus grand docteur d'Italie, intervint la fillette avec fougue.

— C'est un grand chirurgien, affirma la mère. Angela peut être opérée, à la hanche. Et l'opération terminée, elle marchera normalement.

— Comme les autres enfants ? Intervint encore la petite.

— Oui. Comme les autres enfants. Mais son opération ne pourra avoir lieu qu'en janvier. Le docteur veut qu'elle ait au moins sept ans. D'ailleurs il vaut mieux opérer en hiver. Avec la chaleur de l'été, il y aurait trop de risques.

Mme di Meglio penchait son visage sur le fruit qu'elle épluchait. Pour la première fois, Luigi se rendait compte à quel point sa fille lui ressemblait. Mêmes yeux immenses au-dessus des pommettes accusées. Même maigreur des joues creuses.

Il devait se décider à parler, sous crainte de passer pour fou. Pourtant un étrange nœud dans sa gorge semblait vouloir empêcher les mots de passer.

— Sept mois, encore, Angela... Dans sept mois tu seras guérie...

Est-ce qu'il aurait dû dire cela ? Il ne savait plus. Il esquissa un sourire. Et l'étrange nœud revint dans sa gorge.

— Non. Rectifia la petite en comptant sur ses doigts. Après l'opération, je dois rester cinq mois dans le plâtre.

Il eut un frisson. Se représenta un instant le corps plâtré et immobile de la fillette. Et tout un flot débordant d'affection, de pitié, de crainte, l'envahit.

Il fallait qu'il parlât, qu'il lui dise qu'il serait son ami, qu'il...

Mais la maman d'Angela expliquait :

— Angela n'est pas née comme cela.

— Non. Reprit la petite fille. J'étais un beau bébé, n'est-ce pas, maman, comme Eduardo?

Et Luigi eut subitement l'impression qu'elle était heureuse de lui donner ces détails. Satisfaite de n'avoir plus rien à lui cacher.

— C'est un vélo-moteur qui m'a renversée. Et ma hanche s'est mal ressoudée. On va m'arranger tout cela, tu vas voir.

Elle hochait la tête. Convaincue. Courageuse.

Il vint s'asseoir près d'elle.

— Qu'est-ce qu'il a dit, le type qui t'a renversée?

— Il s'est sauvé très vite. On n'a jamais su qui c'était.

Il serra les poings.

— C'est dégoûtant.

Le petit visage d'Angela s'empreint de gravité et elle approuva.

— Tu as raison. Si mon père l'avait attrapé!

Puis elle se remit à natter ses cheveux avec application. Lèvres serrées.

Beppo vint se coucher près d'elle. Et frotta sa tête sur sa jupe.

Elle fourra ses doigts dans les poils du chien. Le gratta. Le caressa. Beppo fermait les yeux. Ravi. Pour la première fois, Luigi constatait combien les petites mains d'Angela étaient maigres, pâles.

Dehors on entendit la voix d'Elisa.

– A table, Luigi.

Le garçon sortit.

Mais il n'avait plus faim.

7

LA FÊTE

En haut de la rue, dans la maison des Diletato, on a baptisé, ce samedi après-midi, le dernier né. C'est-à-dire que ce soir, le vico Dei Panettieri entier sera en fête.

Devant la maison du bébé, on dansera. Et comme l'estaminet de M. Bentio est juste en face, les invités, les voisins, pourront s'installer aux tables.

Mamma Tina est venue souper chez sa sœur. Cette nuit, elle dormira dans le lit de Luigi. Pour l'enfant, on mettra un matelas par terre. Car il y a, chez les Falcone, une autre raison encore d'être en joie. Alfonso Falcone, le père, a un emploi depuis trois jours. Chez un poissonnier. Il n'a pu acheter les calmars dont toute la famille rêvait. Trois jours de paie ne permettent pas un tel luxe. Mais il a rapporté un gros paquet de têtes fraîches de poissons.

Autour de la table, les Falcone au complet se serrent. Bruyants. Chaleureux. Et Alfonso explique :

— Les clients maniérés font des histoires.

Il signe :

— Pouah ! Enlevez-moi les têtes, hein ! J'ai horreur de ça !

Il rit aux éclats. Et les autres s'esclaffent aussi.

— Les imbéciles ! Ils savent pas que c'est la tête qui donne le meilleur jus.

Et Alfonso parle, volubile, heureux. Son visage bronzé s'anime. Ses yeux gris sont pleins de gaieté. Et Luigi trouve que son père a belle allure, avec sa moustache noire bien taillée.

Elisa apporte un immense plat de spaghettis. Arrosés du jus odorant des têtes de poissons cuites avec les tomates. Les fourchettes se lèvent avec entrain. Les exclamations se succèdent. Et les rires fusent.

Le repas fini, Luigi est allé servir Beppo. Puis il s'est rapproché de Mamma Maddalena et de Mamma Tina qui, ce soir, font la vaisselle. Exceptionnellement, Elisa et Tonia devant se changer et se préparer.

— Oui, dit Mme Falcone. Cette petite est infirme pour l'instant. On doit l'opérer.

Luigi prête l'oreille. Et se fait tout petit pour qu'on ne l'expédie pas dehors.

— Mamma Mia ! clame Mamma Tina. Une opération comme ça, qu'est-ce que ça doit coûter !

Mme Falcone hausse les sourcils et soupire :

— Voilà ! Tu l'as dit ! Il n'y a pas d'assurance. Rien. Alors, le père et la mère travaillent et dépensent le moins possible. Tout ce qu'ils gagnent, ils le mettent de côté pour l'opération de la petite. Parce que, même si la Mairie les aide un peu, il faudra encore beaucoup d'argent en plus.

La grosse poitrine de Mamma Tina se gonfle d'émotion. Elle lève les yeux au ciel.

— Miseria! Et comment ils vivent.

— La mère fait des tabliers pour un magasin, Arpino, tu connais? Et le père, il est manœuvre chez un entrepreneur. Mais pour manger et s'habiller, alors, là, c'est au plus juste. Ils gardent tout l'argent pour l'hôpital.

— Miseria de miseria! gémit Mamma Tina qui manque de laisser choir la soupière qu'elle essuie.

Elisa et Tonia sont sorties de la chambre.

— Viens, Luigi!

Et le garçon, un peu à contrecœur, leur emboîte le pas.

En passant devant l'appartement des Di Meglio, Elisa appelle!

— Vous allez, madame Di Meglio, à la fête du baptême?

C'est son mari qui vient sur le devant de la porte. Petit. Des yeux sombres très enfoncés dans les orbites. Luigi lui trouve l'air sévère. Mme Falcone dit qu'il est simplement timide.

— Je ne sais si nous pourrons y aller. Angela ne veut pas qu'on laisse Eduardo seul. La vérité, c'est qu'elle n'a pas envie de venir. Vous savez, elle ne veut jamais sortir. Je comprends, elle ne peut marcher longtemps, ça la fatigue. Mais ce soir, j'aurais pu la porter. Comme avant. Maintenant, elle ne veut plus que je la porte. Elle a honte.

Sa femme est venue le rejoindre sur le pas de la porte ;

— Non. Nous n'irons pas. Eduardo va dormir. Et Angela...

Luigi a aperçu derrière, dans le fond de la pièce, le petit visage de la fillette. Il s'est faufilé jusqu'à elle.

— Viens, Angela, viens. Je resterai près de toi. Eduardo, on n'a qu'à apporter sa caisse. Il dormira là-bas.

Il ajoute doucement :

— D'ailleurs, tu n'as pas besoin qu'on te porte. C'est si près. On laissera les autres partir devant. Et nous deux, on marchera derrière. Sans se presser.

Elle le regarde soupçonneuse.

— Oui. Tu marcheras près de moi. Et si les autres m'appellent « la boiteuse », tu me laisseras me débrouiller.

Il souffle à voix basse, pour que les autres ne l'entendent pas.

— Je te le jure sur la Santa Lucia. Je ne te quitterai pas. Et puis personne ici ne dirait ça de toi. Je les connais bien.

Elle hausse les épaules. Tirebouchonne une de ses nattes ;

Tonia crie dans la rue.

— Alors, à demain !

Angela s'avance.

— On peut y aller aussi. On emporte la caisse pour Eduardo. Luigi marchera avec moi. On viendra derrière vous.

M. et Mme Di Meglio n'ont rien dit. Ils ont pris Eduardo. La caisse. Et ils suivent Elisa et Tonia.

Luigi et Angela viennent derrière. Lentement.

En haut de la rue, la fête paraît avoir déjà commencé. Mme Diletato est venue montrer le bébé baptisé aux voisins. Luigi et Angela qui arrivent ne voient d'abord qu'un paquet de linge qu'on se passe de main en main. Et que chacun admire bruyamment. Puis le bébé est emporté à l'intérieur. On va le coucher.

Les deux enfants ont trouvé une place sur un devant de porte. Ils s'y assoient.

Des pétards éclatent. Des gosses courent. Des gens se congratulent. Des guirlandes ont été jetées en travers de la rue, d'une fenêtre à l'autre. C'est beau. C'est presque aussi beau que pour la grande fête de San Salvatore, au mois d'août.

D'un balcon, un panier glisse, suspendu à une corde. Une voisine du premier étage offre des galettes. La dame ne viendra qu'après avoir fait sa vaisselle.

On finit de débarrasser le panier de son contenu, qu'un autre arrive par la même voie. Il descend du deuxième étage. Et contient une énorme pastèque.

Certains invités apportent eux-mêmes leur contribution à la fête. Gâteaux. Oranges. Grenades. Les présents affluent.

On a mis un disque sur un électrophone.

Les couples commencent à danser dans la rue. Et Luigi voit Elisa tourner aux bras de Vincenzo. Si Mamma Maddalena survient, il y aura du spectacle ! Elisa a raison d'en profiter avant son arrivée.

Tonia se trémousse. Son cavalier est petit. Elle le dépasse d'une bonne tête. Mais il faut convenir qu'ils dansent très bien ensemble.

Tonio et Gennaro Spazzolaventi ont apporté un banjo et une mandoline. Quand les couples seront fatigués, ils joueront des airs napolitains. Que chacun rythmera en tapant des mains.

— C'est une belle fête, Angela !

La petite ouvre des yeux extasiés. Et tout à coup, elle semble parler pour elle-même.

— Ils m'ont rien dit. Personne ne m'a dit de méchancetés.

— Mais pourquoi parles-tu sans cesse de cela ?

— Un jour, un garçon s'est moqué de moi. Il marchait comme moi. Et autour, les autres enfants riaient. Tous m'appellaient « la boiteuse ». Depuis, j'ai toujours peur.

Il gronde :

— Il n'y a pas que des méchants et des idiots.

Il hausse les épaules et prend un air très grand garçon.

— Tu veux que je te dise, moi, comment on m'appelle ?

Elle plisse les yeux et le regarde curieusement.

— Tu as un surnom ?

— Tous les garçons ont un surnom à mon école. Faut pas s'en faire pour ça.

Il arrive presque à croire lui-même à son indifférence.

— Moi, c'est « Piccolo Pollo ».

Elle paraît d'abord sidérée. Puis elle pouffe.

— Piccolo Pollo ! Ça te va bien. Un petit poulet tout rond. Bien gentil.

Est-ce qu'il va se fâcher ? Non. Il vaut mieux prendre un air supérieur et répondre du haut de sa vieille expérience.

— Tu vois ! Moi aussi je ris quand on m'appelle comme ça.

Il n'a pas le temps de réfléchir à son mensonge. Mme Di Meglio s'est approchée d'eux. Là-bas, près des tables de Benito, Eduardo dort dans sa caisse.

— Tu es contente d'être sortie, Angela ?

— Oh ! oui ! Et ses lèvres pâles s'étirent dans un sourire.

La maman de la petite explique à Elisa :

— Le docteur dit qu'il faudrait qu'elle sorte. Qu'elle aille à l'air. Qu'on la promène. Mais elle ne peut pas marcher longtemps. Elle ne veut plus qu'on la porte. Et rester toute la journée enfermée ou sur le seuil c'est pas bon pour elle.

Elle soupire. Son mari, de loin, lui demande si elle veut danser. Angela les suit des yeux.

On présente aux invités des assiettes de petits gâteaux. Des tranches de pastèque. Des quartiers de grenade.

M. Benito fait de bonnes affaires. Il vend à flots de la limonade et du coca-cola.

Angela a croisé les mains sur ses genoux. Luigi remarque qu'elle ne lui arrive même pas aux épaules. Il regarde son profil tendu vers la foule qui s'amuse. Ses yeux graves. Son attitude de petite vieille.

Et, à nouveau, ce nœud dans sa gorge, qui lui ôte toute envie de courir et de jouer avec les autres.

Les paroles de Mme Di Meglio résonnent encore à son oreille.

— Le docteur veut qu'elle aille à l'air... Elle ne peut pas marcher...

Et tout à coup, il se penche vers la fillette.

— Tu sais ce qu'il te faudrait, Angela? Une poussette. Tu vois? Une petite voiture pour enfants, mais où les enfants sont assis.

Elle fronce les sourcils.

— Tu me vois là-dedans?

— Oui. Même après ton opération, on pourrait te promener avec ça.

Elle n'a pas quitté son air méfiant.

— Qui me promènerait?

— Moi. Tout le monde. Le dimanche, on pourrait même te descendre avec Mamma Maddalena sur l'avenue Santa Lucia.

— Et Eduardo?

— Justement. il y aurait de la place pour toi et Eduardo.

Le visage de la fillette s'éclaire :

— C'est vrai. Eduardo aussi pourrait sortir. Je le prendrais sur mes genoux. Ou à côté de moi. On ne le sort jamais pour ne pas me laisser seule...

Et puis à nouveau sa moue triste. Son haussement d'épaules habituel. Et sa voix assourdie.

— Tu te rends compte! Où c'est qu'on irait chercher l'argent pour acheter ça!

C'est vrai. Luigi n'avait pas pensé à ce problème.

Mais il n'a d'ailleurs pas le temps de répondre. Des cris éclatent :

– Hé ! Luigi ! Luigi ! Luigi !

Que se passe-t-il ? Tonio et Gennaro Spazzolaventi jouent de la mandoline et du banjo.

On demande à Luigi de venir chanter. Qui a eu cette idée ? Peu importe. Il n'ira pas.

– Vas-y, Luigi, dit Angela.

Le garçon s'affole.

– Je ne peux pas. J'ai juré sur la Santa Lucia de ne pas te quitter.

– Sur le chemin seulement. Dis plutôt que tu as la frousse de chanter ici, devant tout le monde. Pourtant tu le sais que tu chantes bien.

Elle appelle :

– Beppo !

Et le chien vient se rouler à ses pieds.

– Tu vois, je ne suis pas seule. Et toi, tu es un petit froussard.

Elle exagère, cette morveuse de six ans. Elle se moque carrément de lui. Il a pourtant été gentil avec elle, ce soir.

Il va répliquer. Mais on l'entraîne. On le hisse sur une table. Il voit, au fond, à droite, Enzo Miletto qui le regarde d'un air goguenard. Gianni, dit Spago, qui doit être prêt à l'appeler « Piccolo Pollo ». Et Tonio et Gennaro, tout près de lui, égrenant déjà les premiers accords.

Mamma Maddalena et Mamma Tina viennent d'installer les chaises qu'elles ont apportées de la maison. Elles s'assoient. Puis elles applaudissent avec fougue avant même que Luigi ait commencé.

Il n'y a plus aucun moyen d'échapper au supplice. Et il se lance. Il a une petite voix bien timbrée. Qui s'affermit de plus en plus. Et il connaît le répertoire traditionnel.

Il débute par Santa Lucia. Sa chanson préférée. Les invités l'accompagnent au refrain. Puis ils crient :

— Une autre !

Alors il continue. « Funiculi-Funicula » « Marchiare ». « O sole mio ».

Il n'a plus peur. On lui porte de la limonade. Il est rempli de sa gloire au point d'en avoir la tête qui tourne.

Mais la fête doit se terminer. Il est trois heures du matin. Peu à peu, les groupes se retirent. Les écorces de pastèques et de grenades jonchent les pavés de la ruelle. Demain, on nettoiera. Ce soir, les habitants du vieux quartier sont trop fatigués.

Luigi et Angela suivent leurs familles qui rejoignent leur domicile respectif.

Alfonso Falcone taquine Mamma Tina qui n'a pas voulu danser.

Et Mamma Maddalena parle pour elle seule :

— Elle a eu raison, Tonia, de demander son congé pour demain. Moi, je n'irai aux « lupines » que l'après-midi. Tout le monde dormira le matin. Sauf, Alfonso, le pauvre. Il faudra qu'il aille au travail, lui.

Son mari qui l'entend redresse la tête et fait mine de danser seul au milieu de la rue.

— Tu me prends pour une mauviette ! Je peux encore danser trois nuits comme cela.

Ses filles rient. Mais Luigi, lui, n'a même pas la force de rire. Il est fatigué à ne plus tenir debout.

Et Angela accepte, quant à elle, que son père la porte jusqu'à la maison.

8

L'IDÉE

SON idée, Luigi l'avait en tête depuis quelque temps déjà. Elle avait dû naître le soir de la fête. Cela, il le savait. Mais comme un rêve. Léger. Un peu fou. Merveilleux aussi. Depuis hier, seulement, l'idée lui apparaissait réalisable. Sérieuse. Depuis hier seulement, elle lui semblait être devenue énorme, occupant impérieusement ses pensées. Toute sa tête.

Et ce matin-là, premier jour des vacances, Elisa n'avait pas eu besoin de secouer le garçon pour le faire sauter hors du lit.

Avec ces projets bouillonnant en lui, il n'avait pas de temps à perdre.

Pourtant, il lui fallut d'abord se plier à de nombreuses exigences qui n'avaient rien à voir avec ses plans personnels. Porter les gants, finis par Elisa, chez M. Martino. Ramener à la maison d'autres gants, que sa sœur devait coudre. Aller au marché Pendino, essayer d'avoir des fruits ou des légumes défraîchis, vendus par les marchands à meilleur compte.

Quand, dans l'après-midi, il put s'asseoir sur le pas de la porte, il se demanda avec importance comment la maison pourrait marcher sans lui.

Puis il se mit à siffler. Très fort. En regardant l'appartement des voisins.

— Si tu veux qu'Angela t'entende, il n'est pas nécessaire de faire tant de bruit, cria Elisa par la fenêtre. Appelle-la, c'est plus simple.

Vexé, il fit mine de s'absorber dans le spectacle de la rue.

Les ménagères essayaient de lutter contre la chaleur, en jetant des seaux d'eau devant le seuil de leur logis. Et les gosses, ravis, trépignaient, nu-pieds, dans les flaques.

Luigi n'avait pas envie de se mêler aux autres. Il guettait Angela. Il fallait absolument lui parler. D'abord, de cette idée qui tournait dans son esprit. Ensuite, de sa décision extraordinaire. Qui le soulevait d'enthousiasme.

Est-ce qu'Angela serait d'accord? Avec son caractère étrange on ne pouvait jamais être sûr de rien!

Enfin, la petite fille se décida à paraître. Elle s'assit sur le seuil de sa maison. Sans parler. Le front buté. Et regarda Luigi d'un œil peu amical.

— Tu vas pas au bord de l'eau, sur les rochers? Tu as peur de te fatiguer? Tu m'as cassé les oreilles en sifflant.

De toute évidence, c'était un mauvais jour pour

entamer avec elle une conversation. Il faudrait prendre son temps. Ne rien brusquer surtout. Tonia avait dit, hier soir, en parlant de la fillette.

— Elle est sauvage, comme une petite chatte !

Bien que l'ayant traitée de « mauvaise langue » Luigi était un peu de son avis.

Il commença par chasser quelques mouches qui faisaient ripaille devant la porte. Siffla Beppo qui provoquait le chat de Mme Nocetto. Et s'approcha de la petite.

— Il fait chaud...

— Tu as trouvé ça tout seul ?

Il retint la réplique qui lui venait aux lèvres. Il serait patient jusqu'au tout. Il l'avait décidé ainsi.

— Tu sais... j'ai pensé à quelque chose...

Il s'arrêta net et chercha ses mots. Oui. Comme dirait Tonia, c'était un peu amené comme un cheveu sur la soupe. Mais il s'y retrouverait. Il fallait simplement continuer, puisque le début était lancé.

— J'ai pensé à ta poussette...

— Ma poussette ?

— Oui. Si tu en avais une, tu serais contente ?

— Qu'est-ce que ça peut te faire, puisque je pourrai jamais en avoir une ?

Il renifla. Se gratta le nez. Caressa Beppo. Et baissa la voix pour expliquer :

— Ecoute... j'ai une idée... Je vais essayer de travailler. Et avec l'argent que je gagnerai on achètera une poussette. Tu es d'accord ?

Elle le regarda. De la tête aux pieds. Ses yeux sombres paraissant soupeser le garçon.

— Tu peux travailler, toi?

Il carra ses épaules.

— Je suis costaud. Beaucoup de garçons et même de filles de mon âge travaillent à Naples.

— Qu'est-ce que tu sais faire?

Il mentit avec aplomb.

— Tout.

Puis reprit. Plus modestement.

— Les commissions. Vendre des journaux. Cirer les chaussures. On verra. Je vais chercher.

— Et ta mère?

Il resta un moment silencieux. La bouche ouverte. L'objection était de poids.

— En vacances, je suis plus libre. Elle peut pas toujours être derrière moi. Je lui dirai après. La tienne aussi, on lui fera la surprise. Tu veux bien, dis?

Comme d'habitude, quand elle réfléchissait, elle roulait une de ses nattes sur son doigt.

— Alors, si tu gagnes de l'argent, tu m'achèteras une poussette?

— Oui.

— C'est sûr ça?

— Oui, je te dis.

— Et il faut longtemps pour avoir de l'argent?

Il hocha la tête.

— Je sais pas.

Elle intima. Autoritaire. Presque rageuse.

— Il faudra te presser. J'en ai besoin vite.

Luigi la regarda perplexe. Est-ce qu'il fallait lui répondre qu'elle en demandait beaucoup? Tassée sur elle-même, elle paraissait encore plus petite. Plus pâle aussi, avec son front mouillé de sueur. Et puis, soudain, il y eut un éclair dans les yeux immenses. Et un sourire au coin des lèvres charnues de la fillette.

— Qu'est-ce que ça va être bien, Piccolo Pollo !

Pour une fois, l'appellation ne lui donna aucune colère. Une sorte de chaleur agréable monta jusqu'à ses joues. Et son cœur se gonfla dans un grand soupir heureux.

— Oh ! Oui ! Tu verras !

Il lui tournait déjà le dos.

— Où vas-tu ?

— Je vais manger quelque chose. Et puis après, j'irai chez Luciano, le brocanteur. Faut qu'on sache le prix.

Elle redevint mauvaise.

— Tu manges toujours. C'est pour cela que tu es si rond. Et puis, tu pars toujours aussi.

Non. Il n'allait pas gâter sa propre joie pour une mauvaise querelle. D'ailleurs, il n'était pas d'humeur à se disputer avec cette petite fille. Presqu'un bébé encore. Il se sentait supérieur à tout cela ce soir. Grand. Raisonnable. Généreux.

Elisa lui tendait par la fenêtre une large tartine, frottée d'ail, arrosée d'huile. Il la prit. Et s'en fut par le haut de la ruelle. Mordant à belles dents. Rempli de son propre estime.

9

LE PRIX

DEPUIS une heure, Luigi restait là. Le nez collé à la vitre. Essayant de deviner dans le bric-à-brac obscur du magasin, si l'objet cherché s'y trouvait. Mais le magasin s'étendait en profondeur. On discernait mal le fond peu éclairé. Et, de plus, un désordre indescriptible y régnait.

Il aurait fallu entrer. Questionner. Luigi ne s'y était pas encore décidé. Le gros Luciano, assis là-bas, dans son fauteuil, n'incitait pas à la familiarité. D'abord, il devait dormir. Le petit ne l'avait pas encore vu bouger d'un pouce. Pouvait-on le déranger dans sa sieste pour un simple renseignement ? D'autre part, il était probable qu'un gamin de l'âge de Luigi risquait de passer pour un mauvais plaisant.

Mentalement, le garçon se morigénait. Il avait fait des promesses. Il s'était engagé dans cette aventure. Avec facilité, d'ailleurs. Et voilà. Le premier obstacle le paralysait. Et il entendait à l'avance les sarcasmes d'Angela.

Il sursauta.

— Hé ! Luigi ! Qu'est-ce que tu fais là ?

C'était Gianni Mazzara. Spago. Le cireur. Sa tournée devait être finie. Sa boîte brinqueballait à son épaule.

Il allait bien rire. Bien se moquer de Piccolo Pollo.

Pris au dépourvu, Luigi cherchait vainement une histoire à lui raconter.

— Je voudrais savoir si Luciano a une poussette à vendre.

Il n'avait rien trouvé d'autre que la vérité. Les mots étaient sortis comme malgré lui. Et, penaud, il s'en mordait les lèvres.

— Une poussette ?

— Oui. Une petite voiture où on assoit les enfants pour les promener.

Gianni ouvrit de grands yeux stupéfaits.

— Qui c'est qui attend un bébé chez toi ?

Là, Luigi rit de bon cœur. Et puis tant pis. L'autre s'esclafferait peut-être, mais il fallait aller jusqu'au bout de la confidence.

— Tu connais Angela, ma petite voisine ?

— Oui. C'est une môme de cinq ans. Infirme.

— Six ans. Rectifia le garçon. Et elle n'est pas infirme pour toujours. Je te raconterai plus tard son accident. En février, on doit l'opérer. Et elle marchera comme tout le monde. Mais en attendant, elle peut difficilement se déplacer. Et le docteur dit pourtant qu'il faut qu'elle aille à l'air. Tu te rends compte, toute la journée dans la maison, ou devant la porte, dans cette petite rue.

Oui. Gianni comprenait. Il hocha la tête. Apitoyé. Mais il ne voyait pas ce que Luigi venait faire dans tout ça.

Le petit précisa :

— Si on la mettait dans une poussette, sa mère ou n'importe qui, pourrait la promener. Il y aurait aussi de la place pour son petit frère. Même après l'opération, faudra qu'elle reste plâtrée. On la sortira à ce moment.

— Et alors?

Et alors, c'était là que Luigi sentait le ridicule arriver. C'était là qu'il prévoyait le déchaînement de Spago. Il le connaissait bien. Mais le moyen maintenant, de ne pas continuer?

— L'opération va coûter cher. Les parents d'Angela gardent tout leur argent pour cela. Alors... j'avais pensé... que si... je travaillais... je pourrais peut-être l'acheter, moi, la poussette. C'est une môme malheureuse, tu sais. Et moi, j'ai tout ce qu'il faut, au fond.

Le petit leva la tête. Jeta un regard en coin vers son camarade. Son silence l'inquiétait. Qu'est-ce qu'il cherchait à dire pour ridiculiser Luigi?

Le sérieux du visage de Gianni le surprit.

— Tu as une idée formidable, Piccolo Pollo!

— Tu trouves, Spago!

— Mais oui. Tu as raison. Du travail, tu en auras pendant les vacances. Tu sais, on préfère employer les gosses comme nous. On les paie moins, et pas de frais d'assurance. Je te donnerai des tuyaux. Pour l'instant, viens. On va voir s'il y a une voiture dans cette pagaille.

Il entra. L'air décidé. Commençant par pointer son nez vers le fond du magasin. Soupesant au passage une statuette de bronze. Repoussant une chaise bancale. Avec bruit. Comme chez lui.

— Hé là ! Hé là ! Qu'est-ce que vous voulez ?

Luciano, réveillé sans doute brutalement, accourait. Suant. Soufflant. S'épongeant.

— Vous dérangez les gens, par cette chaleur ?

Luigi, derrière Spago, se faisait tout petit. Le marchand continuait à récriminer. Et Spago, calmement, interrogeait :

— Vous avez une poussette à vendre ?

Le gros bonhomme se gratta la tête. Réfléchit. Puis se décida :

— Une poussette ? Ah, oui ! En très bon état. Très bon matériel. Presque neuve. Attendez... attendez...

Il s'éloigna.

Et le cœur de Luigi se dilata dans un espoir fou.

— Voilà... Voilà...

La voix du marchand arrivait, assourdie, du fond du magasin, où il remuait des masses de ferraille, de bois, de tapis et des flots de poussière.

— Voilà... Voilà...

Il surgissait, tout à coup. Brandissant, au-dessus de sa tête, une voiture.

Il la déposait devant les deux enfants. Avec précaution. Comme une authentique œuvre d'art.

— Voilà... Voilà...

Avant que Luigi eût seulement pu y jeter un coup d'œil, Gianni décrétait :

— C'est bien ce que je pensais. Tout le dossier à recoudre. Les fers des roues sont rouillés. Et le marche-pied, avec quoi en le fera tenir ? Avec du fil de fer. C'est à moitié fichu, tout ça !

Le garçon pliait en deux son long corps. Inspectait la poussette par-dessous. Par-dessus. Sur les côtés. La secouant énergiquement pour lui faire rendre un affreux son de fers déglingués.

Luciano s'épongeait de plus belle et protestait :

— C'est en excellent état. En excellent état.

Et Luigi se taisait. Entre les deux personnages. Complètement ahuri.

Gianni haussa les épaules.

— Bon. Combien ?

— 10 500 lires[1].

Il avait jeté le prix dans une sorte de hoquet. Auquel Gianni répondit par un éclat de rire. Pour s'exclamer ensuite :

— Elle est bien bonne celle-là !

Mais en une seconde, le visage du garçon avait repris son sérieux. Il fixait Luciano avec sévérité.

— Vous n'avez pas honte ! Ça, 10 500 lires ! ça vaut 4 000 lires[2]. Pas une de plus. Vous ne vendrez jamais ce tas de fer. Il faut des gosses comme nous, pour vous l'acheter.

---

1. 10 500 lires = environ 50 F.
2. 4 000 lires = environ 20 F.

Et soudain, sa figure changea encore. Ses lèvres se retroussèrent douloureusement. Son regard chavira de tristesse. Il fut à deux doigts des larmes. Et Luigi écouta la plus bouleversante histoire qu'il eût jamais entendue. Ils étaient tous les deux d'une famille de quatorze enfants. Le père mort. La mère malade. C'était lui, Gianni, l'aîné, qui les nourrissait tous. En cirant les souliers. Et la voiture, on en avait besoin pour la petite dernière. Malade aussi. Oui, monsieur. Voilà pourquoi il marchandait. Et il mimait. Il comptait les enfants sur ses doigts. Il montrait la mère couchée. Cirait des chaussures imaginaires. Berçait un bébé. Et Luciano transpirait à grosses gouttes. Essayant une ou deux fois de placer un mot. En vain.

Finalement, dans un soupir, il lâcha :

– 4 500 lires[1]. Je ne peux pas faire mieux. Et Gianni reprit son flegme.

– D'accord. Vous nous la gardez quinze jours. Le temps qu'on réunisse la somme.

Il ne demandait pas. Il ordonnait. Et le marchand les accompagna à la porte. Toujours suant. Soufflant. S'épongeant. Pressé de retrouver son fauteuil.

Ce ne fut que lorsqu'ils eurent contourné le coin de la rue, que Gianni laissa passer sa joie.

– T'as vu, Luigi, comment je l'ai eu ! Ce vieux roublard de Luciano !

Mais la figure du petit ne devait pas à cet instant refléter le triomphe constaté par Spago.

---

1. 4 500 lires = environ 22 F.

— Qu'est-ce que tu as ? Tu n'es pas content ?

L'enfant baissait la tête.

— J'ai juste les 100 lires que ma tante m'a données pour mon anniversaire. Il faut que je gagne le reste en quinze jours. Comment faire ? Je ne pensais pas que ça ferait si cher !

Gianni s'exclama :

— Tu y arriveras. Je te le dis. Viens me voir demain du côté du marché.

— Et puis cette voiture, comment l'arranger pour y mettre Angela ? Tu as vu dans quel état elle est ?

Le front de Gianni s'empourpra d'indignation.

— Ah, dis ! Faut savoir ce que tu veux ! Pour 4 500 lires, tu voulais pas une Maserati, non ? Moi, je me suis décarcassé pour toi. Tu sais très bien, Piccolo Pollo, que tu aurais été trop timide avec Luciano. Il faut te dégourdir un peu, mon vieux !

Luigi leva une main conciliante.

— Tu as raison. Tu es un brave type. N'empêche que je me fais du souci.

— T'en fais pas. La voiture, je te la ferai comme neuve. Je m'y connais. Quant à l'argent ça s'arrangera. Tu verras. Ah, écoute encore, lorsque tu auras la somme je viendrai avec toi chez Luciano. N'y va pas seul, surtout. Il t'embrouillerait. Allez ! Ciao !

Il est parti, sifflotant. Et Luigi a repris le chemin du retour. L'esprit plein de problèmes. Peu optimiste, malgré le bel enthousiasme qui avait marqué le début de cette journée.

10

LA SÉRÉNADE

Les soirs d'été, après souper, les familles des vieux quartiers prennent le frais devant leurs portes. Les ruelles retentissent de chants, de cris. Jusque vers vingt-deux heures. Et les enfants ont le droit de jouer tard.

Aujourd'hui, Luigi s'est aventuré devant le café Benito. Il regarde d'un œil vague les joueurs de cartes. Ecoute d'une oreille distraite le père Scotto raconter ses démêlés avec son patron. Il a laissé derrière lui, sa famille assemblée avec les autres voisins. Elisa boudeuse. Car ses affaires de cœur n'ont pas l'air de bien marcher en ce moment. Mamma Maddalena s'est même disputée avec son mari, au moment du repas. Alfonso prenait le parti de sa fille. Maddalena envoyait tous les Mateotti au diable. Elisa pleurait dans un coin. Tonia aussi est de méchante humeur. On a acheté une paire de sandales à Luigi. Alors, elle désire une paire de souliers. Et elle n'arrête pas de rouspéter.

Bref, ce n'est pas chez lui qu'il trouvera ce soir le réconfort dont il a besoin.

Une brise légère s'insinue entre les maisons. Au-dessus des toits, une bande de ciel sombre se pique d'étoiles. Il fait bon. Et pourtant, Luigi est triste. Le cœur empli de mille préoccupations. Il déambule. Beppo sur ses talons. Les mains dans les poches. Enviant les gamins qui courent autour de lui, sans soucis.

Comme il regrette d'avoir fait tant de promesses à Angela ! S'il n'arrive pas à son but, quelle désillusion pour elle ! Et quel jugement portera-t-elle sur ce prétentieux de Piccolo Pollo ?

Luigi va. Baissant le nez. Réfléchissant. Et ressassant dans sa tête la même idée. Les mêmes questions insolubles.

Il n'a pas vu, venant vers lui, les deux frères Spazzolaventi. Mais Gennaro s'écrie, en l'apercevant :

— Ah ! ça tombe bien, Luigi, on te cherchait.

Ils sont plutôt mal venus, ceux-là ! Luigi n'a pas envie de parler, ce soir. Et Tonio et Gennaro sont trop bruyants pour son goût du moment.

Les deux frères l'entourent. Le prennent chacun par un bras. Et l'entraînent un peu à l'écart.

— Ecoute, dit Tonio, le plus jeune. On a besoin de toi.

Ces deux grands ont besoin de lui ? Ils veulent certainement le faire marcher.

Il répond d'un ton rogue :

— J'ai pas le temps.

C'est Gennaro, maintenant, qui intervient.

— Fais pas l'idiot. Il y a de l'argent à gagner.

La situation devient sérieuse. Le petit dresse l'oreille. Il faut se méfier avec ces Spazzolaventi. Mamma Tina l'a toujours dit.

— De l'argent à gagner, comment?

C'est au tour de Tonio d'expliquer.

— On veut faire une sérénade. Tu connais les deux sœurs Leonardo?

Luigi hausse les épaules. Méprisant. Oui, il connaît les sœurs Leonardo. Elles ont treize et quatorze ans. Elles sont laides. Elles sont bêtes. Elles ne l'intéressent pas. Et il va l'expliquer. D'abord, qu'est-ce que cela peut lui faire que les Spazzolaventi donnent une sérénade?

Ils précisent :

— Nous, on sait jouer de la mandoline et du banjo. Mais on sait pas chanter. Tu te rends compte d'une sérénade avec une voix comme la nôtre?

Ça, c'est vrai. Il n'a jamais autant remarqué combien les deux frères avaient une voix de canard. Et sa découverte le baigne dans une subite hilarité. Il rit à en perdre le souffle.

Mais Gennaro et Tonio ne sont pas susceptibles. Ils acquiescent même.

— Voilà. Tu as compris. Tu es un bon petit gars. Donc, quand tes parents seront couchés, tu viendras nous rejoindre. Toi, tu chanteras. Nous, on jouera. C'est tout. Et tu gagneras 400 lires.

Ils sont fous. Comment veulent-ils qu'il sorte? On va l'entendre. Et il n'a pas le droit de sortir la nuit.

– On le sait. Tu dors près du lit d'Aldo. Il rentrera très tard, car il y a bal sur la Piazza del Mercato. Quant à tes deux sœurs, le canon ne les réveillerait pas. Une nuit, Vincenzo a fait une sérénade pendant une heure. Personne n'a rien entendu, chez toi.

Il faut convenir que leur information est juste. La proposition demande réflexion. Et discussion.

– 400 lires, c'est pas assez. Je veux 600 lires. Il s'applique à prendre un air décidé. Les mains dans les poches. Le menton en l'air. Gianni en serait sidéré. Et lui-même, n'en revient pas.

– Non. Tranche Gennaro. C'est trop. Nous allons jusqu'à 500 lires. Allez. Nous t'attendons ici.

Ils sont partis.

Et Luigi, perplexe, se prend à compter. 100 lires, 500 lires. 600 lires. Il manque encore... Il ne sait pas... il s'embrouille... il lui faudrait un crayon. Alors, il revient au logis. Il est bientôt onze heures.

Les voisins commencent à rassembler les gosses.

On se dit bonsoir. Chacun rentre. On installe les lits.

Et bientôt, dans l'appartement, seuls les souffles d'Elisa et de Tonia, les ronflements de Mamma Maddalena et de son mari, se font entendre.

Luigi est aux aguets. Son cœur bat de façon désordonnée. Sa bouche est sèche. Une peur affreuse le tenaille. Que feraient ses parents s'ils le surprenaient ? Est-ce qu'ils le battraient ?

Pourtant, tout à l'heure, il a fait son compte. 3 150 lires. Moins 600 lires. Il ne manquerait plus que 2 550 lires. Il faut qu'il y aillent. Il n'aura plus jamais une telle occasion.

Le lit pliant grince. Les pieds nus du garçon craquent sur le carrelage. Il ne s'est pas déshabillé tout à l'heure. Personne ne s'en est rendu compte. Il ne se chaussera pas. Cela ferait trop de bruit.

La porte est simplement fermée au loquet. Et elle tourne dans un silence complet.

Il est dans la rue. Beppo l'a suivi. Ravi de la promenade inhabituelle. Ils courent. Les Spazzolaventi sont là.

La ruelle est calme. Au loin, les moteurs d'autos qui roulent dans l'avenue, grondent. Et de temps à autre, tinte la sonnerie éloignée d'un autobus qui descend vers le centre. Mais à cette heure-ci, la plupart des habitants du vieux quartier sont couchés.

— C'est bien, apprécie Gennaro, tu es un as.

Il ne voit pas les yeux affolés de l'enfant.

Ils marchent jusqu'au vico Dei Maïorani. La famille Leonardo habite au n° 6. Au premier étage. Le père travaille comme gardien de nuit. Donc aucun problème de son côté. Il ne sera pas là. La mère est une harpie. Mais elle dort, paraît-il, comme une souche.

Tonio donne ses directives.

— Dès que je commence à jouer, toi, tu commences à chanter. Est-ce que tu connais la nouvelle chanson « Buona Notte, Signorina » ?

Oui. Il la connaît. Il se râcla la gorge. Tousse. Et tout à coup, il déclare d'une voix chevrotante :

— Je tremble. Je ne pourrai jamais chanter.

Tonio est prêt à se fâcher. La lueur du réverbère lui fait un visage blafard où ses petits yeux brillent durement. Tout à coup, il a l'air méchant.

— Ça va durer, dis?

Mais Gennaro intervient :

— Allons, allons, ça va lui passer. Tiens, je te donne 200 lires d'avance. Et puis suce un chewing-gum. Tiens. Tu verras, ça calme.

Luigi le regarde, effaré. Gennaro est plus rassurant que son frère. Sa figure anguleuse s'illumine d'un sourire. De toute façon, il y a ces deux cents lires. Que Luigi s'empresse d'empocher. Et qu'il faut gagner maintenant.

Tonio commence à jouer. Doucement, d'abord. Puis, de plus en plus fort. Luigi crache son chewing-gum et sa voix s'élève. Il veut tellement bien faire que les premières notes sont plutôt perçantes. Mais il se sent mieux maintenant. Il tremble moins. Gennaro gratte son banjo. On va entamer le refrain. C'est merveilleux. Tout est vraiment facile. On recommencera.

Un volet bouge au-dessus de leurs têtes. Ça y est. Les deux sœurs ont certainement entendu la sérénade qui leur est destinée. Peut-être vont-elles ouvrir leur fenêtre et lancer un remerciement ému.

Les volets bougent encore. S'entrebâillent. S'ouvrent même en grand. Tonio et Gennaro redressent la taille. Prennent une attitude inspirée. Luigi gonfle ses poumons et attaque le refrain.

— Buona Notte, Signorina!

Et vlan ! Une pleine cuvette d'eau s'abat sur leurs têtes. Et la voix de la mère Leonardo éclate comme le son d'une trompette aiguë.

— Je vais vous en donner des sérénades, moi ! Bons à rien ! Paresseux ! Réveiller les pauvres gens qui travaillent demain ! Attendez une minute, je vais chercher une autre bassine !

Des rires fusent aux fenêtres alentour. Des quolibets pleuvent. Les garçons sont trempés de la tête aux pieds. Il faut fuir à toute vitesse.

Et les voilà, dégringolant dans les ruelles du vieux quartier. Luigi en tête. Car sa hantise est d'avoir été reconnu. Et d'être dénoncé plus tard à sa mère.

Ouf ! Les voici loin des lieux de leur exploit. Beppo s'amuse comme un fou. Il court derrière les chats qui pullulent dans Naples à cette heure-ci. Et il aboie à réveiller le quartier Pendino tout entier. Ils le font taire. Et se regardent. Cheveux dégoulinants. Tricots et pantalons mouillés, collés au corps.

Les frères Spazzolaventi rient. En se donnant de bonnes bourrades. Ceux-là, qu'est-ce qui ne les ferait pas rire ! Luigi, lui, ne trouve rien de drôle à son aventure. Il va falloir rentrer sans se faire prendre. Découvrir la façon de faire sécher ses vêtements pendant la nuit. Et essayer d'avoir le reste du salaire qu'on lui a promis pour cette sérénade.

— Je vais rentrer, dit-il, et il trouve plus explicite de tendre la main que de faire de longues phrases.

— Qu'est-ce que tu veux ? Questionne Gennaro, les yeux ronds.

— Ben… la suite… tu m'avais promis 500 lires.

Gennaro et Tonio se touchent la tête.

— Il est fou. Tu as chanté un couplet et tu veux tout ? Ça va pas, non ?

Le raisonnement paraît logique. Et puis comment discuter quand on a, devant soi, deux gars qui mesurent au moins 1,65 m. Qu'on leur arrive à peine à la taille. Et qu'en définitive, devant ces deux échassiers rusés, on n'est qu'un Piccolo Pollo ? Les chances sont trop inégales.

Il leur a tourné le dos. Il est revenu par les ruelles silencieuses. La brise colle sur lui ses vêtements mouillés. Il sent ses pieds nus poissés par le gras des pavés sales. Il frisonne.

Deux rats ont jailli d'un égout. Des chats et Beppo les poursuivent et se ruent dans les tas d'ordures qu'ils éparpillent.

Ils sont enfin arrivés à la maison. Le petit, pour rentrer sans bruit, a pris le chien dans ses bras. Aldo n'est pas encore revenu du bal.

Les vêtements sont étalés sur une chaise. Luigi s'est mis au lit. Il se sent glacé. Ecœuré.

11

DU TRAVAIL

Il s'est levé plus tôt que de coutume. Depuis trois jours, il retrouve chaque matin Spago. Au marché. Depuis trois jours, Spago lève les bras en le voyant arriver.

— Rien, mon vieux, j'ai rien trouvé pour toi.

Aujourd'hui, il y aura peut-être du nouveau. Et le souci de ce rendez-vous le hante. Il a mal dormi. Il se sent fatigué, avant d'avoir commencé sa journée. Et il s'en veut.

Il faut d'abord s'acquitter des tâches habituelles. Moudre le café. Aller acheter le pain. Rapporter un kilo de tomates. Eplucher des oignons, des pommes de terre. Aider Elisa à faire les lits.

Il faut aussi, en passant devant sa porte, affronter le regard dur, méfiant d'Angela.

— Alors?

Elle pose la question d'une petite voix pointue. Moqueuse. Elle a l'air de dire :

— Tu m'as raconté des histoires. Tu as fait le fanfaron. Je ne te crois plus.

Alors, il n'essaie même pas d'expliquer. Et il passe. En chantonnant. Comme un garçon pressé et plein d'occupations.

Il tâte, dans sa poche, sa maigre fortune : 300 lires. Il faudra leur trouver une cachette. Dans la boîte où il met ses cailloux du jeu d'osselets, par exemple. Et il placera la boîte en haut de l'armoire. En grimpant sur la table. Un jour qu'Elisa ne sera pas là. Peut-être faudra-t-il ajouter une chaise sur la table. Il verra.

Il est arrivé au marché. Les marchands crient. Les ménagères discutent à voix haute. Des poules caquettent dans une cage. Les melons et les pastèques s'amoncellent près des chapelets de saucisses sèches. C'est une fête de bruits, de couleurs, d'odeurs. Et Luigi adore ça.

Voici un marchand de taralli : 50 lires. Ce n'est pas cher. Le garçon sent sous sa main les trois pièces qui dansent, au fond de sa poche. Mais il ne ferait jamais une chose pareille. Jamais. Il ne prendrait pas 50 lires sur cet argent qu'il a promis à Angela. Il n'en est pas question.

Il passe, stoïque. Devant le marchand. Plus loin, il y a un vendeur de gâteaux plus raffinés : des prussians, des craffes. Mais là, c'est plus cher : 80 lires la pièce. Luigi a goûté une fois aux prussians. Ils ressemblent à de larges pieds de canard. Ils sont blonds. Ils fondent dans la bouche. Mais, aujourd'hui, l'enfant ne peut envisager d'acheter un prussian. Cet argent, c'est comme s'il n'était pas à lui. Voilà ce qu'il doit se dire et se répéter.

Tiens, il a tourné en rond. Sans s'en rendre compte. Il retrouve sur son chemin le marchand de taralli qui a fini d'installer sa marchandise. Il a mis sur une pancarte « 50 lires ». C'est idiot. Tout le monde connaît le prix. Et le goût aussi. C'est un peu sucré, un peu salé. Sec. Croustillant.

La main de Luigi joue dans sa poche avec les pièces. Machinalement, il en sort une. La regarde. Et regarde l'éventaire devant lui. Et le marchand tend un taralli. Et Luigi tend sa pièce. On lui rend la monnaie. Et, à la fois mal à l'aise et ravi, il croque enfin dans son gâteau.

C'est fini. Il ne s'y laissera plus prendre. Il n'est pas un garçon raisonnable. Il est un vrai Piccolo Pollo. Les autres ont raison. Il laissera dorénavant son argent à la maison. Plus de tentation.

Il donne un morceau de taralli à Beppo. Mais cela ne lui enlève pas son remords. Et pourtant, très sincèrement, jamais un gâteau ne lui a paru aussi bon.

Gianni, là-bas, lui fait de grands signes. Il paraît être en extase devant l'étalage du poissonnier. Luigi s'approche.

— T'as vu les rougets? Interroge Spago. 4 000 lires le kilo! Tu te rends compte? Il y en a qui mangent ça, dis!

Luigi renifle. Avance un doigt discret sur la chair de corail. La voiture d'Angela coûte moins qu'un kilo de rougets. Quel goût doit avoir une nourriture aussi chère?

Il interroge Spago.

— T'as déjà goûté ?

L'autre s'esclaffe.

— Tous les jours. Mais pour nous il en faut cinq kilos, parce qu'on est dix à table.

Ils rient. Puis s'éloignent de la cohue.

— Tiens, dit Gianni. Voilà un truc pour toi.

Il sort un papier chiffonné de la poche de sa chemise. Il y a mentionné deux adresses. D'une écriture appliquée. Très lisible. Gianni se donne du mal. Et Luigi le remercie avec attendrissement.

Le grand explique :

— La première adresse, c'est celle d'un garage. Ils embauchent des gosses pour nettoyer les autos, placer les crics, dévisser les boulons, rester à la pompe à essence. Tu peux le faire. C'est dans la via Duomo. Si tu ne trouves rien ici, tu iras jusqu'à la via Sauro. Tu descends chez Giuseppe. Tu sais, le café qui sert des escargots cuits. Au bord de l'eau. Tu peux trouver une place pour servir, laver la vaisselle. Enfin, tu verras. Mais presse-toi. Faut-y être avant deux heures. Sinon la place est prise.

Il n'a que le temps. Mais d'abord, il doit aller dire à Elisa qu'il ne rentrera pas déjeuner. Et puis, aussi, lui demander de n'en rien dire. Tout cela ne va pas se faire facilement.

Elisa, heureusement, semble trop absorbée pour réfléchir aujourd'hui. Ses paupières sont enflées. A-t-elle pleuré ? Elle est d'une humeur épouvantable.

— Va où tu veux. J'en ai assez de vous tous. Vous pouvez faire ce que vous voulez. Moi, je ne m'occupe plus de rien...

Il a déguerpi. Heureux de la permission. Peu chatouilleux sur la façon dont elle lui a été donnée.

Il est onze heures. Il sera vers onze heures et demie ou midi au garage Duomo. Il court. Bouscule les passants. Beppo apprécie ce nouveau jeu et se rue en avant.

Voici le garage. Il est grand. Des autos arrivent. Sortent. Des gens circulent dans le hall. A l'entrée, un gamin d'une quinzaine d'années s'affaire à une pompe à essence. Sert les clients. Porte la monnaie à un monsieur assis derrière un guichet.

Personne ne s'occupe de Luigi. A droite, doit se trouver l'atelier. La porte est grand-ouverte et l'on entend des bruits d'outils divers. L'enfant s'avance. Il y a là une demi-douzaine de jeunes très occupés. L'un fait tourner le levier d'un cric sous une auto qui s'élève drôlement sur une roue. De ce côté, un gamin râpe avec énergie une carrosserie qu'on va sans doute repeindre. Le petit ouvrier est à peine plus âgé que Luigi. Il grimace en frottant et son front ruisselle. A gauche, on ne voit que les jambes d'un gosse glissé sous un camion. Il doit huiler. Ou décrasser.

Tous sont tellement absorbés par leur tâche, que nul ne se rend compte de la présence de Luigi. C'est le manipulateur du cric qui, soudain, l'aperçoit le premier. Il doit avoir l'âge de Gianni. Petit, râblé, l'air dégourdi. Avec des yeux fureteurs qui détaillent l'enfant.

— Qu'est-ce que tu veux?

— Je voudrais bien... du travail.

— Hé, les gars ! Vous entendez ? Y en a un qui veut nous prendre notre travail.

Il s'est tourné vers les autres. Qui lâchent immédiatement leur ouvrage. Et approchent. Lentement.

Luigi agite la tête et bafouille.

— Non... Je demande seulement s'il y en a...

— Ecoute, bonhomme, lui souffle dans le visage un grand noiraud dégingandé. Y a pas de travail. On est juste ce qu'il faut. Allez, décampe. Et n'y reviens plus.

Et il décampe, en effet. Sans avoir l'air de se presser. Mais guère rassuré par les visages menaçants des gosses qui l'entourent.

Il descend maintenant la via Duomo. Il suivra ensuite la Strada Nuova della Marina. Il arrivera via Sauro, d'où il ira jusqu'au café de Giuseppe. Près des rochers.

Il fait une chaleur intense. Le soleil tape durement sur le trottoir. Un autobus s'est arrêté près du petit. Ce serait bon d'y monter. De se laisser emporter. Un moment seulement. A la fraîcheur de la course. Sans fatigue.

Il se secoue. L'histoire du taralli est encore gênante dans sa mémoire. Est-ce qu'il va se mettre à gaspiller tout ce qu'il gagne ?

Beppo aussi a perdu son entrain. Il tire la langue. Halète. A bout de souffle.

Ils ont atteint la mer. Elle est aujourd'hui d'un bleu éblouissant. Avec, au loin, des reflets verts. La baie s'arrondit jusqu'aux collines. Jusqu'au Vésuve toujours embrumé. Et les navires sont immobiles, engourdis dans le port. Seuls, autour d'eux, les dockers s'activent.

L'enfant passe ensuite devant le quai des bateaux des îles. Sous des parasols, les voyageurs attendent à l'ombre l'heure du départ.

Et puis à gauche, tout à coup, apparaît la baraque d'un marchand de pastèques. Sur le côté, de l'eau qu'on a jetée forme une petite flaque. Beppo s'y précipite et lape à grand bruit. Et Luigi le regarde se rafraîchir. L'œil morne. Envieux presque. Et ses yeux se portent sur l'étalage. Le marchand a coupé ses pastèques. Rangé les tranches sur des blocs de glace. Et indiqué le prix « 100 lires la tranche ». La chair rose et juteuse doit être glacée. Comme un sorbet. La bouche de Luigi est sèche. Brûlante. Il n'en peut plus. Il a tendu une pièce.

Et il repart. Laissant fondre sur sa langue la pulpe fraîche. Et il n'a même plus honte. Car il se trouve tant d'excuses ! Il aurait pu mourir de soif sous ce soleil d'enfer. Cela s'est vu. Il l'a lu, dans le journal ou dans les livres. Ou alors c'est le maître qui l'a raconté. On meurt de soif dans une trop grande chaleur. Et Luigi ne peut tout de même aller jusqu'à risquer sa vie.

Il a mangé tout ce qui était mangeable de la chair de la pastèque. Il a rongé jusqu'à l'écorce verte. Et ce n'est qu'à regret qu'il a jeté le reste.

Il est treize heures. Il s'asseoit sur le parapet. Se penche. Et laisse la brise marine sécher son front, son torse, mouillés de transpiration.

En bas, sur les rochers, des gens ont installé une

toile sur quatre bâtons. Ils dorment. A droite, il y a le petit café de Giuseppe. Plein d'animation.

L'enfant sent alors son estomac douloureux. Dilaté. Comme s'il occupait toute la place dans sa poitrine. Il a rarement ressenti cette impression. Et soudain, il a conscience qu'il a faim. Une faim qui lui donne presque le vertige.

Il a descendu les marches de pierres qui mènent à l'esplanade du café. Au bord, la mer clapote. Et les barques s'y balancent mollement.

Luigi se trouve dans l'établissement de Giuseppe. Devant une baraque de planches et de pierres, les tables sont installées dehors. Des tables crasseuses, sans toile ni papier de protection. Les assiettes sont remplies de petits escargots blancs à la sauce rouge. Les coquilles jonchent le sol. On les piétine. On glisse dessus. La plupart des convives sont des hommes. Certains mangent aussi du ragoût de pommes de terre. Toujours avec cette sauce rouge qui souille tout ici : les mentons, les mains, le bois des tables, le sol.

Giuseppe, ce doit être ce monsieur long et maigre qui se tient derrière le comptoir.

— Qu'est-ce que tu veux, petit?

— Du travail, monsieur.

— Adresse-toi à ma femme.

Madame Giuseppe est la dame qui prend les commandes. Apporte les plats. Enlève les assiettes.

Elle est courte, ronde. Avec des cheveux coupés presque ras au-dessus du front. Elle écrase, sur son passage, les coquilles d'escargots, avec ses hauts talons de bois. Et arrive près de Luigi.

— On n'a pas de travail. On fait tout nous-mêmes. Enfin, si tu veux ramasser les coquilles et les papiers par terre, ça sera toujours ça de fait.

On lui a donné un petit balai, une pelle, un seau.

— Tu n'as qu'à jeter tout à la mer. Lui a-t-on dit.

Il balaie. Se baisse. Ramasse. Se relève. Recommence. Il a la tête qui tourne. Il a mal au dos. Il a une faim atroce. De temps à autre, il va jeter le contenu de son seau. Et la mer prend, entre les barques, des reflets rouges, où flottent les débris de tomates et de pommes de terre.

Combien doit coûter un morceau de pain ? Et une assiette de ragoût ? Il lance un regard avide aux tables gluantes. Autour de lui, les hommes puisent dans les plats chauds. Deux matrones engloutissent une quantité impressionnante de ragoût.

Beppo lui, s'est débrouillé, comme toujours. Il a trouvé un morceau de pain, par terre. Et un homme lui a jeté une pomme de terre.

Et tout à coup, Mme Giuseppe appelle :

— Hé, petit, tu as faim peut-être ?

Luigi a un geste évasif. Elle lui tend une assiette de pommes de terre. Et un morceau de pain. Il a un remerciement ému.

Il a vite fait de dévorer le tout. Puis il se remet au travail. Mais il se sent manifestement mieux. Il peut même réfléchir, maintenant. Faire des comptes. Des pronostics sur la paie qu'on lui réserve.

Il a enlevé la plus grande partie des coquilles vides. Ses pieds sont sales. De graisse, de sauce, de terre, de nourriture écrasée.

Beppo s'est roulé sur des coquilles d'escargots. Il est maculé de jus de tomates.

Si Mamma Maddalena les voyait ! Ils iront se laver à la mer avant de repartir.

Luigi est resté des heures en plein soleil. Le mouchoir noué sur sa tête a un peu préservé son crâne. Mais son visage est en train de cuire. Et ses bras. Et ses cuisses nues. Il en a assez ! Si on pouvait lui confier un travail à l'ombre, maintenant. Les gens qui mangent sont sous des parasols, eux. Ils ne bougent pas. Ils ne font que manger. En laissant la brise marine sécher leur visage transpirant. Luigi a pour eux un regard sans amitié. Furieux même.

— Tiens, tu vas essayer de laver les assiettes.

C'est encore Mme Giuseppe qui ordonne. Son mari, derrière le comptoir, prépare les plats. Trois grandes marmites mijotent dans la petite pièce principale du café.

Pour laver les assiettes, il y a deux bassines. Noires de graisse. Installées sur la terrasse. Sous une toile de tente. Dans l'une, on lave avec un détergent. Dans l'autre, on rince. Il n'y a pas d'eau courante ici. L'eau que boivent les consommateurs est de l'eau minérale en bouteilles.

Et Luigi frotte. Gratte. Rince. Il a de la sauce jusque dans les cheveux. Quelle heure doit-il être ? Il faut qu'il rentre maintenant. Elisa va peut-être s'inquiéter. Mais un spectacle imprévu attire soudain son attention. Deux gosses viennent d'arriver sur la terrasse. Luigi a d'abord du mal à les reconnaître. Les deux frères Nocicero. De sa classe.

Pourquoi se sont-ils ainsi affublés aujourd'hui? Vestes en loques. Pieds nus. Pantalons effilochés. Les yeux baissés, la bouche marmonnant une litanie que le garçon ne comprend pas, les deux frères s'avancent mains tendues vers les clients. Ils mendient, c'est évident. Ils ont pris, pour faire le tour des tables, une expression souffreteuse, résignée. Rien à voir avec les galopins chahuteurs que Luigi connaît bien. Est-ce que ça rapporte beaucoup d'argent de mendier? Il sait bien qu'à Naples d'autres garçons de son âge se livrent à cet exercice. Mais c'est la première fois qu'il voit des mendiants de sa connaissance.

Les deux gamins passent. Mme Giuseppe les laisse faire. Elle doit avoir l'habitude. Et quelques pièces tombent dans le béret qu'ils présentent à la bonne volonté des clients.

Est-ce qu'ils vont avoir le toupet de l'appeler Piccolo Pollo? Non. De loin, le plus jeune, Enrico, lui fait un clin d'œil complice. De toute façon, Luigi saura quoi leur répondre dorénavant quand ils le taquineront. Il est un Piccolo Pollo travailleur, lui. Pas un mendiant. D'ailleurs si Mamma Maddalena apprenait qu'il a mendié, elle le tuerait. Cela est certain.

— Voilà. Tu peux t'arrêter maintenant. J'ai fini de servir. Je pourrai terminer le reste seule.

Mme Giuseppe a mis sur sa robe à fleurs un grand tablier bleu. Elle va le remplacer aux bassines. Luigi s'empresse d'essuyer ses mains.

— Tu n'es pas très dégourdi, remarque aigrement la patronne. Ni très rapide. Tu as lavé peu d'assiettes et encore elles sont toutes grasses.

Ça alors! Lui qui attendait des compliments! Un flot d'amertume envahit son cœur. Un sentiment d'injustice lui donne presque envie de pleurer. Les deux frères Nocicero sont partis heureusement. Ils n'entendent pas les reproches qui l'accablent. Ils riraient bien. Leur argent a été plus facile à gagner.

Et puis il ne va pas pleurer pour cela. Le principal, c'est qu'on le paie, ma che!

Justement, Mme Giuseppe sort son porte-monnaie. Luigi attend. Sa première paie pour un vrai travail. La minute est presque émouvante pour lui.

— Tiens. Voilà trois cents lires. Plus l'assiette de ragoût qui coûte quatre cents lires. Tu es bien payé.

Il contemple dans sa main les trois petites pièces. Et il s'en va. Les jambes lourdes. La tête un peu chavirée. Par l'odeur grasse de la sauce qui semble l'imprégner tout entier. Par l'immense déception qui vient de fondre sur lui.

Il est allé jusqu'aux rochers. Il n'a même plus envie de se laver. Il compte mentalement. Deux cents lires. Plus trois cents, plus cent, cela faisait six cents. Moins cinquante lires du taralli et cent lires de la pastèque, il possède quatre cent cinquante lires. Il lui reste une semaine pour gagner ce qui manque. Il ne s'en sortira jamais.

— Tu vois Beppo, il faudra expliquer à Angela que je ne savais pas que c'était si difficile. Elle comprendra.

Non. Elle ne comprendra pas. Elle sera très en

colère d'abord. Elle le traitera de vantard, de paresseux, de bon à rien. Et puis, sa colère passée, elle sera très malheureuse. Et elle continuera sa triste vie de petite prisonnière.

— Qu'est-ce que tu en penses, Beppo ?

Beppo n'en pense rien. Il a bien mangé. Il est allongé sur le frais humide des rochers. L'eau qui clapote et mousse, l'amuse. Il est heureux.

— Hé, petit, tu veux gagner deux cent cinquante lires ?

L'enfant jette un œil morne sur l'homme barbu qui l'interpelle. Qu'est-ce qu'on veut lui donner à faire encore ?

L'homme insiste.

— Regarde. C'est facile. Il a posé devant lui un monticule noirâtre. Du varech. De la vase. Agglutinés. Dans lesquels on distingue des moules.

Où a-t-il pêché cette horreur nauséabonde ? Pas très enthousiaste, Luigi s'est approché.

— Voilà, explique l'homme. Tu plonges le paquet dans l'eau. Tu le ressors. Tu pétris de cette façon. Tu fais partir la vase. Tu arraches les algues. Tu retires les moules. Il faut qu'elles soient presque nettes. Comme ça.

Et Luigi s'est agenouillé. Il pétrit. Il tire. Il s'est coupé deux fois aux mains avec les arêtes des coquilles. L'homme, là-bas, pendant ce temps, nettoie sa barque.

Quand il revient, la corbeille, qu'il a posée près du garçon, est presque pleine de moules. Il va pouvoir aller les vendre. Clandestinement. Et les acheteurs ne sauront pas qu'il les a pêchées dans la vase.

— C'est bien, dit-il.

Il a sorti trois pièces. Et Luigi les a empochées. Et il compte encore quatre cent cinquante plus deux cents. Sept cents. Et puis il en a assez de retourner toujours la même idée dans sa tête. Il a sifflé son chien. Il a ôté son tricot. Son pantalon. Il trempe ses jambes dans les flots. Jusqu'aux cuisses. Puis il s'agenouille et asperge son torse. Son visage. Son crâne. Il plonge Beppo dans les petites vagues du bord. Et Beppo nage et s'ébroue. Les soucis sont un instant oubliés.

Au fond de l'horizon, le ciel se colore de rose au-dessus du Vésuve. Il faut rentrer.

12

UNE JOURNÉE MOUVEMENTÉE

Ce jour-là, tout avait été de travers dès le matin à la maison. Aldo se fit semoncer d'importance par son père pour ses rentrées tardives. Tonia, d'une humeur exécrable, partit en menaçant de dire ses quatre vérités à sa patronne. Celle-ci commençant, paraît-il, à lui taper sur les nerfs. Et pour finir, la mère se tordit le pied au moment où elle se levait. Le pied avait aussitôt enflé. Impossible à Mamma Maddalena de tenir plus de cinq minutes debout. Impossible donc de faire le trajet journalier habituel.

Et Mamma Maddalena était restée. Maugréant, tempêtant, prenant Dieu et la Madonna à témoins à ses malheurs. Sous le regard inquiet d'Elisa impuissante.

Les voisines, mises au courant par ses cris étaient accourues. Et c'était une avalanche de conseils. Il fallait un emplâtre de pain bouilli. Mieux encore, une compresse d'eau bénite remplie de gros sel.

L'une fit des prières sur le pied malade. L'autre murmura des formules mystérieuses qui lui venaient de sa grand-mère. Mais chaque fois que Mamma Maddalena posait son pied sur le sol, son visage blémissait sous la souffrance et son front se couvrait de sueur.

Finalement, Mamma Tina arriva. Prévenue par Aldo. Elle mit les bavardes à la porte et intima à Luigi :

– Tu connais la maison des sœurs, près de l'Église ?

– Va dire à sœur Angelica de venir.

Luigi connaissait en effet sœur Angelica. Menue, maigre. Avec un visage ridé. Les yeux malicieux. Et une poche recelant toujours un bonbon surprise .

Elle lui avait fait une piqûre l'année passée. Contre la fièvre. Elle savait tout guérir. Soigner les boutons. Enlever le mal aux yeux. Réduire les foulures. Neutraliser un coup de soleil.

Le garçon avait couru. Et sœur Angelica était arrivée.

De la rue, on entendit les gémissements de Mamma Maddalena pendant qu'on la soignait. Et Luigi se bouchait les oreilles, affolé.

Quand sa sœur Angelica fut partie, les voisines revinrent aux nouvelles. Mme Falcone, assise sur une chaise, montra son pied bandé.

– Voilà. Je n'ai plus mal. Mais il faut que je reste quatre jours à la maison.

Elle leva les yeux au ciel. Prit sa tête à deux mains. Et s'écria :

– Ah ! Miseria de Miseria ! Faut être riche pour être malade !

On la consola. On lui dit qu'elle avait tout de même de la chance qu'Alfonso, son mari, eût du travail en ce moment. Et surtout, qu'Elisa fût là pour s'occuper du ménage.

Ensuite on se mit à louanger sœur Angelica. Si bonne. Si dévouée aux pauvres gens. Et enfin chacune retourna à ses occupations.

Mamma Tina déclara que sa sœur ne bougerait pas de la chaise. Qu'elle prenait la maison en main. Et elle partit faire le marché.

Et Luigi, désemparé par tous ces événements, dont les voisines discutaient encore dans la rue, sortit à son tour.

Angela n'était pas sur le seuil de sa maison. Le garçon l'aperçut derrière la caisse d'Eduardo. Bien en retrait, dans l'appartement. Assise à terre. Recroquevillée. La tête seule dépassant.

Alors, d'un seul coup, il rassembla son courage. Il était décidé. Il fallait parler à la petite fille. Lui dire les efforts faits pour trouver du travail. Pour gagner de l'argent. Et l'impossibilité de réunir la somme nécessaire à l'achat de la poussette. Angela comprendrait. Si elle se mettait en colère, il la laisserait dire. Après, il la consolerait. Lui promettant de rester près d'elle chaque fois qu'il le pourrait. Et de lui inventer des jeux. Des jouets même. Enfin, le principal, pour l'instant, était de se débarrasser de cette promesse stupide qui empoisonnait ses jours et ses nuits.

Il prépara mentalement la première phrase. La phrase gentille qui allait donner le ton à tout ce qu'il dirait ensuite. Il s'avança.

Angela à son approche, leva sa tête appuyée à la caisse.

Et Luigi vit le visage de la petite ruisselant de larmes. Pour la première fois, depuis qu'il la connaissait, Angela pleurait. Sans bruit. Pas comme une enfant. Presque comme une grande personne. Comme Elisa, l'autre jour. Lorsqu'il l'avait surprise sans qu'elle s'en rendît compte.

Et Luigi n'osait plus bouger. Stupéfait. Muet. Cherchant en vain le mot à dire. Le geste à faire.

Il tendit machinalement sa main. La remit dans sa poche. Se pencha un peu. Et se décida.

— Pleure pas, Angela. Qu'est-ce que tu as?

Elle resta un moment silencieuse. Se moucha.

— Maman s'est énervée, murmura-t-elle. Jamais elle ne m'avait grondée. Je sais pourquoi. Elle reste trop enfermée. A cause de moi. Elle veut pas me laisser seule. Elle veut pas me confier aux voisines. Parce qu'elle a peur que je me fasse encore mal. Elle s'énerve à la fin. Elle l'a expliqué à papa. Elle a grondé Eduardo. Elle m'a grondée.

Elle se remoucha.

— C'est ma faute, tout ça! Je suis sûre qu'elle va plus m'aimer si ça continue!

Dans la pièce voisine, la machine à coudre faisait entendre son ronronnement monotone.

Eduardo essayait de prendre appui sur les bords de la caisse.

Angela se mit à genoux. Aida le petit. Mais ne s'arrêta pas de pleurer pour autant.

Luigi avait déjà vu des filles pleurer à l'école. Il avait ri. Comme les autres. Il trouvait leur façon de sangloter comique. Avec des bruits de nez. Des cris inarticulés. Un trémoussement ridicule de leurs épaules. Rien de tout cela en ce moment même. Angela baissait la tête. Se taisait. Et les larmes ruisselaient sur ses joues maigres.

Et devant ce désespoir, jamais le garçon ne s'était senti aussi embarrassé, déconcerté. Que fallait-il faire ? Parler ? Attendre que cela fût passé ?

Sœur Angelica lui avait donné un bonbon en s'en allant. Il le conservait dans sa poche, pour le sucer béatement dans l'après-midi. A l'heure de la sieste. Car il comptait bien faire la sieste, aujourd'hui. Le travail d'hier lui avait rompu les reins.

Il sortit son bonbon. Un peu ramolli par la chaleur. Mais d'un rose alléchant. Et d'un parfum de fraise !

Il le tendit à la fillette.

— Tiens. Je l'ai gardé pour toi.

Le regard émouvant d'Angela le remercia de son mensonge.

— Tu es gentil, Piccolo Pollo. Je suis contente, tu sais, que tu sois mon ami.

Elle essuya ses larmes avec le bas de sa jupe. Et se mit à sucer le bonbon.

Il ne put s'empêcher de demander :

— C'est bon ?

Elle répondit, la bouche pleine :

— Très bon. A la fraise. Il n'est pas dur.

Il ravala sa salive. Il n'avait pas besoin de tant de détails. Son imagination sur de tels sujets fonctionnait toujours rapidement.

Maintenant consolée, Angela parlait :

— J'ai rien dit à maman pour la poussette. Elle va être heureuse quand on lui fera la surprise. Et moi, alors !

Luigi essaya de lui couper la parole. De rassembler très vite les belles phrases préparées. Mais aucun son ne sortit de ses lèvres. Et Angela poursuivait :

— Il faut te dépêcher, avant qu'elle ne m'aime plus.

Elle le tira par la manche et insista d'une petite voix mouillée.

— Faut faire vite, tu sais. Moi j'en peux plus d'attendre. Dis, tu l'achètes bientôt, ma poussette ?

Elle levait vers lui des yeux rougis. Encore noyés de larmes mal séchées.

Il bredouilla :

— Oui... oui... Je vais faire vite, Angela. Je vais faire vite...

Il recula précipitamment.

— Je vais voir si Elisa a besoin de moi...

Et il rentra chez lui.

Mamma Tina était revenue. Elle remuait des casseroles. Sortait une marmite du placard. Préparait l'eau de cuisson des pâtes. Allait, venait, remplissant la petite pièce de son active et corpulente personne. Elle avait rencontré des gens de leur connaissance au marché. Elle les avait informés de l'accident survenu à Mme Falcone. Et tous envoyaient leur sympathie et leurs vœux. Luigi était habitué à la volubilité de sa tante, mais en ce moment, après sa conversation avec Angela, il aurait bien aimé pouvoir être tranquille. Réfléchir, chercher comment il allait sortir de cette situation dans laquelle il s'était à nouveau jeté.

Mamma Tina, n'arrêtait pas, aujourd'hui. Qu'est-ce qu'elle avait ? Il faisait pourtant une chaleur qui vous donnait envie de rester là, dans un coin, sans bouger, sans parler. Oui, mais même sans bouger, comment supprimer l'idée affolante de cette promesse qui tournait comme un gros bourdon noir dans la tête de Luigi ?

Elisa finissait une paire de gants. La tête penchée, elle semblait bien loin, elle aussi, des bavardages de Mamma Tina.

– Tu iras les porter toi-même à M. Martino, décréta sa tante. Ça te sortira un peu. Tu as une mine épouvantable. Il faut que tu prennes l'air.

Nul ne protesta. Elle avait promis de prendre la maison en main. Elle ne s'en privait pas. Pourtant, lorsqu'après le repas, elle se lança dans un rangement fébrile du logis, chacun en soi trouva sa minutie exagérée. Mais Mamma Tina était si bonne qu'on ne pouvait lui faire de peine en le lui faisant remarquer.

Elle bouscula, tira, essuya, frotta pendant une heure. Puis mit une nappe propre sur la table. Y plaça, au centre, en manière de décoration, une soupière. Alla chercher dans la chambre des parents un coussin rouge, qu'elle arrangea, comme un suprême raffinement, sur le lit des enfants. Et mit, bien en évidence, accroché à un clou, le plus beau torchon à fleurs qu'elle trouva dans l'armoire.

Mamma Maddalena la regardait interdite. Elisa, sidérée, essayait de comprendre quelle lubie traversait l'esprit de la tante. Luigi, se demandait quelle nouveauté Mamma Tina allait encore inventer. Et il commençait à s'amuser beaucoup.

A trois heures, la brave dame parut ne plus tenir en place. Elle sortait, secouait un chiffon dans la rue, revenait, déplaçait les chaises, remettait dix fois en ordre les fleurs en plastique du vase de l'étagère.

Finalement elle se planta devant Elisa.

— Allez, il faut que tu ailles porter les gants, maintenant, puisque tu as fini. Presse-toi.

— Pourquoi me presser? Questionna Elisa avec un peu d'aigreur.

Mamma Tina parut un instant décontenancée par la question. Mais elle reprit vite son aplomb.

— Je voudrais que tu reviennes de bonne heure. Je dois rentrer tôt, moi. Je garde les enfants de Mme Piccioli, ce soir.

La jeune fille haussa les épaules. Sa tante lui semblait bien bizarre, aujourd'hui. Mais elle avait d'autres soucis en tête. Et aucune envie de discuter. Elle partit.

Luigi aussi avait d'autres soucis. Il alla s'asseoir au frais, dans la ruelle. Un livre dans les mains. Mais l'esprit loin des pages.

Mamma Tina installa confortablement sa sœur. Vérifia que le pied bandé fût en bonne position sur une chaise. Et ordonna :

— Dors un peu. Tu en as besoin.

Mamma Maddalena protesta avec véhémence. Elle n'avait pas sommeil. Elle pourrait peut-être aller s'asseoir devant la porte. Mamma Tina fit la sourde oreille. Argua des recommandations de sœur Angelica. Prit du raccommodage. Une chaise. Et sortit rejoindre les voisines qui causaient à l'ombre, dans la rue.

A quatre heures, elle se leva brusquement. Revint à la maison. Prépara du café. Et donna une tasse à Mme Falcone. Et retourna près des autres.

Ce fut Mme Nucetto qui s'aperçut qu'au lieu de coudre, Mamma Tina n'arrêtait pas de jeter des regards inquiets vers le bout de la rue.

— Hé, Tina, tu attends quelqu'un ? C'est pas un amoureux, par hasard ?

Mais les rires fusaient à peine que le silence se fit. Et toutes, la bouche ouverte, les yeux fixes, regardèrent arriver, là-bas, Mme Mateotti. La grosse dame venait dans leur direction. Calmement. De sa démarche lourde. Un peu cadencée.

Et à l'instant même, Mamma Tina se levait et se précipitait vers elle.

Luigi, doucement, se rapprocha du groupe.

La mère de Vincenzo s'exclamait :

— Quelle chaleur !

Elle épongeait son front. Saluait les femmes. Comme si sa présence devant la porte de son ennemie était naturelle. Pourtant, depuis la dispute, on ne l'avait jamais vue s'aventurer jusqu'ici.

Mme Scotto murmura :

— Mère de Dieu ! Si Maddalena sort !

Mamma Tina semblait subitement avoir perdu l'usage de la parole.

Mme Mateotti questionnait à voix basse :

— Elle est là ?

Et sur un signe de tête affirmatif se dirigeait vers le logis des Falcone.

Aucune des voisines n'y tint plus. Elles posèrent leur couture. Se levèrent brusquement. Et attendirent les yeux exorbités, ce qui allait se passer.

Tina eut un mouvement fataliste des bras.

— Fallait bien trouver une solution. Elisa est en train de dépérir. Et Vincenzo de devenir fou.

Mme Nocetto s'exclamait :

— Si elles se battent, tu auras fait du propre.

Luigi se mit à trembler de tous ses membres. Et Tina fit un signe de croix.

Ça y était. Mme Mateotti était entrée. Toutes sortes de visions de carnage passèrent dans la pensée de Luigi. Il allait y avoir des cris. Des insultes. Des bruits de meubles cassés peut-être.

Une réflexion de Mme Scotto le remplit de terreur.

— C'est que la Mateotti est aussi forte qu'elle.

On la fit taire. Pour mieux entendre ce qui se passait à l'intérieur de l'habitation. Mais rien. Le silence complet.

Assise sur sa chaise, Mamma Tina priait.

Et le petit garçon sentit, à sa grande confusion, qu'il était prêt à pleurer. Un pauvre Piccolo Pollo. Aux jambes molles comme du coton. Au cœur battant à lui couper le souffle.

Angela venait de s'asseoir sur le devant de la porte. Elle s'appliquait à ourler un chiffon. Sans se douter du drame affreux qui se jouait près d'elle. Beppo, couché à ses pieds, dormait profondément.

Luigi traversa la rue. Il refoula les larmes qu'il sentait venir. Il allait expliquer à la petite fille ce qui se passait. Il fallait qu'elle fût mise au courant. Son voisin avait beaucoup d'ennuis, lui aussi. Elle devait s'en rendre compte.

Et c'est alors qu'Elisa apparut. Elle revenait, les joues rosies par la course et la chaleur. L'œil soudain étonné par le rassemblement silencieux des voisines. Par l'expression d'affolement insolite de sa tante. Par les mines mystérieuses qui l'accueillaient.

Luigi courut. Il se jeta dans les bras de sa sœur. En hoquetant, il expliqua :

— Mme Mateotti est avec maman. Elles vont se tuer.

Et la suite fut rapide. Elisa bondit vers la maison. Mamma Tina suivit de toute la vitesse de ses courtes jambes. Et les voisines s'élancèrent à leur tour.

Et chacune resta pétrifiée devant le spectacle imprévu qui s'offrait à leurs yeux.

Les deux dames, assises en face l'une de l'autre, buvaient du café. Sans aucun doute, Mme Mateotti s'était chargée de le faire chauffer et de le servir. Et elles discutaient. Avec animation, certes. Mais avec beaucoup d'amabilité. Le sourire qui éclairait leur visage en faisait foi.

— Qu'est-ce que vous faites ? demanda Elisa, pas encore très rassurée.

— Entre, et dis d'abord bonjour à Mme Mateotti, conseilla sévèrement sa mère.

Puis apercevant sa sœur, elle s'écria :

— Toi aussi, viens Tina. Nous sommes en train de mettre au point les fiançailles. On a besoin de tes conseils.

Et pour les voisines qui s'éloignaient, elle expliqua très fort.

— Tu te rends compte ! Je dormais quand je l'ai vue devant moi. Malade comme je suis, je n'ai même pas eu la force de me mettre en colère. D'ailleurs, juste le jour où j'ai manqué me casser la jambe et même me tuer, j'allais pas faire offense au Bon Dieu en me disputant.

C'était logique. Et sa dignité était sauve.

Luigi, réfugié dans un coin, vit le visage radieux de sa sœur. Il entendit qu'on parlait d'une visite pour le soir-même de Vincenzo à M. Falcone. Les hommes devaient se mettre d'accord.

Dehors, les voisines s'exclamaient. A l'intérieur, tout le monde parlait à la fois. Et Luigi comprit enfin qu'Elisa allait se marier. Quitter la maison. Vivre ailleurs que près de lui.

Il se glissa dans la chambre des parents. S'assit dans l'angle le plus obscur. Il se sentait à ce moment un bien malheureux Piccolo Pollo.

13

À NOUVEAU DANS L'AVENTURE

C'EST pas possible ! dit Gianni. Ils t'ont donné 300 lires ! Pour tout ce travail ! Ah ! Mamma Mia ! Si c'est pas honteux !

Un étrange sentiment de satisfaction se glisse dans le cœur de Luigi. La réaction violente de Gianni est pour lui une preuve de plus de son amitié. Pour se rendre intéressant, il a peut-être légèrement exagéré ses malheurs. Mais après tout, c'est vrai qu'il a eu mal au dos. Et chaud. Et faim.

— Moi, dit Enzo Miletto, si j'avais été à ta place, ils m'auraient entendu.

Il ricane. Il fronce les sourcils. Il montre le poing. C'est le Enzo bagarreur que Luigi connaît bien. Et auquel il évite habituellement de se frotter.

Il les a rencontrés tous les deux au coin du Vico Gerolomini. Enzo a son paquet de journaux sous le bras. Gianni sa caisse de cirages à l'épaule. Eux, ils sont contents. Naples est plein de touristes à cette époque. En plus de la vente des journaux, de l'astiquage des chaussures, ils arrivent parfois à servir de guide. Et les étrangers sont souvent généreux.

Il est une heure de l'après-midi. Chez les Falcone, le repas a été vite expédié. Ce soir Vincenzo vient dîner à la maison. Avec sa mère. Car Vincenzo a perdu son père à la guerre. Et il est le fils unique de Mme Mateotti.

Depuis trois jours Luigi en a appris des choses sur le jeune homme ! On ne parle que de lui à la maison. Et dans la ruelle aussi. Tout le monde le trouve merveilleux. Gentil. Travailleur. Même Tonia. Qui a eu, pour une fois, un mot presque aimable pour Elisa :

— Il est un peu grand pour toi, mais ça ne fait rien. Vous allez bien ensemble.

La robe, qu'elle compte avoir pour la noce de sa sœur, la préoccupe d'ailleurs plus que tout le reste.

Elisa a ri. Elle rit tout le temps en ce moment. Elle est heureuse du matin au soir. Mais Luigi constate, avec amertume, qu'il passe au second plan, dans la pensée de la grande sœur. Il l'aimait, pourtant, ce Vincenzo. Mais il n'avait jamais prévu qu'il deviendrait si envahissant dans la vie des Falcone.

Par exemple, aujourd'hui, on n'a mangé que du pain et du fromage. Parce qu'il fallait se dépêcher pour préparer le repas du soir. Et dans trois jours, dimanche après-midi, ils iront tous au cinéma du quartier. Mamma Maddalena, qui recommence à marcher, le père de Luigi, Mme Mateotti, Elisa, et Vincenzo. Mais on n'a pas invité Luigi. Tout cela, c'est affaire de grandes personnes. Il serait de trop. On le lui a fait comprendre. Après qu'il eût manifesté le désir de les accompagner.

Il est allé une fois au cinéma dans sa vie. Et il s'y est beaucoup amusé. Il a bien failli leur répondre qu'il n'avait pas besoin d'eux. Qu'il pouvait payer sa place. Qu'il possédait 700 lires. A lui. Mais il s'est retenu. Il n'a pas encore dit à Angela qu'il ne pouvait pas tenir sa promesse. Et tant qu'il ne s'est pas délivré de cette hantise, il a une sorte de scrupule à utiliser cet argent.

Les sept cents lires sont dans sa poche. Il lui semble qu'il n'a pas le droit de s'en servir. Et il n'arrive pas à comprendre pourquoi.

Les deux grands, près de lui, discutent avec animation. Assis sur le bord du trottoir. Il les avait un peu oubliés.

— Tu vois, affirme Enzo, faut pas aller chercher du travail dans ces bistrots. Ça paie pas. Moi, je te le dis, faut aller voir sur les quais, au quartier Santa Lucia. Là, il y a des restaurants « chics » et des hôtels pour les riches.

Il siffle d'admiration. Le petit scrute un instant le visage mobile d'Enzo. Il n'y a nulle trace de moquerie aujourd'hui dans ses yeux. Luigi a-t-il gagné sa considération parce qu'il cherche du travail? Peut-on savoir avec Enzo! Dans cinq minutes, il l'appellera Piccolo Pollo. Ou lui fera un croc-en-jambe. Pas méchamment. Pour rire. Mais Gianni est là. Le copain de Luigi. C'est bien d'avoir un copain de la taille de Gianni. Un type formidable, ce

Spago. Qui n'a peur de rien. Et qu'il ait pris Luigi sous sa protection, cela doit en imposer aux autres.

— Eh ! Piccolo Pollo ! Tu m'écoutes, oui ?

L'enfant sursaute. C'est Gianni qui se fâche. Le petit n'a rien entendu de ce que l'autre vient de lui expliquer. Et le grand Spago recommence :

— Pourquoi tu chantes pas aux terrasses des cafés ? Ça rapporte, tu sais.

— J'en ai entendus qui sont loin de chanter aussi bien que toi, renchérit Enzo.

Tout cela est flatteur. Et caresse agréablement l'oreille de Luigi. Mais il se redresse. Chanter et puis après tendre la main ? Pour recevoir les pièces qui tombent ? Ou qu'on vous jette ? Comme les deux frères Nocicero ? Jamais. Il n'en aurait pas le courage.

— C'est vrai, concède Gianni. Il n'est pas assez dégourdi.

Ça c'est moins flatteur. Mais tant pis. Tout plutôt que d'accepter d'aller se donner en spectacle.

— Cinquante lires, tu les as ? Questionne brutalement Enzo.

Oui. Il peut soustraire cinquante lires de ce qu'il possède. Pas plus. Il se le jure intérieurement.

Enzo précise :

— Tu vas descendre en autobus. C'est cinquante lires la place. Tu iras sur la promenade du bord de mer. Il est un peu plus de treize heures. A quatorze heures tu y seras. Tu verras les restaurants. On y mange des montagnes d'huîtres. Tu trouveras de l'embauche.

Luigi s'est levé. Il va tout leur avouer. Il n'est plus question d'embauche. Il a compris ce que représentait cette histoire de travail. Tout cela est au-dessus de ses forces. Et il vaut mieux le dire clairement.

C'est Gianni qui parle avant lui. Il s'adresse à Enzo :

— Tu sais, c'est un as, ce Piccolo Pollo ! C'est pas pour lui, l'argent. Et ça, c'est formidable !

Et le voici lancé dans tous les détails de la bonne action de Luigi. Et le petit, éperdu de confusion, reçoit des bourrades admiratives. Des exclamations enthousiastes. Et Enzo déclare :

— Bravo Piccolo Pollo ! Tu as raison de faire ça pour cette petite. Tu n'as pas besoin d'argent, toi, puisque tout le monde travaille dans ta famille. On va t'aider mon vieux.

Pas besoin d'argent ? Il faudrait qu'ils puissent voir son père et sa mère lorsqu'arrive le moment de payer le loyer. D'ailleurs, s'il avait gagné cet argent, le problème n'aurait pas été résolu. Est-ce que ses parents ne se seraient pas opposés à ce qu'il disposât de cette somme ? Quoi qu'en pensent les deux garçons, Luigi sait que le budget familial, toujours en équilibre instable, va être terriblement perturbé par les fiançailles d'Elisa. Et pourtant, il faut ce qu'il faut. Ça, il le comprend. Une vraie Napolitaine doit se fiancer, d'abord. On ne mariera Elisa que dans huit ou dix mois. C'est la coutume. Qui ne la respecte pas se fait très mal juger. Et les fiançailles doivent être très belles. Avec un beau repas.

— On mettra la table dans la rue, a suggéré M. Falcone. Dedans, on serait trop serré.

— Le matin, avant la messe des fiançailles, on achètera un gros bouquet pour l'Eglise, a projeté Mme Falcone.

La voix aiguë de Gianni le sort de sa réflexion.

— Ecco[1] ! On t'accompagnera. Nous aussi nous allons travailler par là. Allez, viens. On prend l'autobus dans la via Duomo.

Ils l'encadrent. Un peu protecteurs. Le poussent avec une joyeuse énergie. Il ne peut faire moins que de les suivre. Il verra après. Lorsqu'ils l'auront quitté. Cela fera toujours une promenade.

Beppo semble être de cet avis. Il commence par prendre les devants.

— Ma che ! s'écrie soudain Enzo. Tu as ton chien ? Impossible. Tu ne peux pas monter dans l'autobus avec lui. Défendu.

Le petit s'arrête. Cette objection va sans doute tout arranger.

— Alors, je n'y vais pas. Je ne peux pas laisser Beppo.

Il a l'air décidé. Gianni se gratte la tête. Enzo réfléchit. Non, ils ne vont pas abandonner la partie pour un tel détail.

— Voilà, dit Enzo, j'ai trouvé. Va chercher un panier chez toi. Tu y mettras ton chien. Il est petit heureusement. Tu lui diras de se tenir tranquille.

Il n'y a plus rien à opposer. Il faut s'exécuter. A moins de passer pour un gars qui ne sait pas ce qu'il veut. Et quand on a gagné l'estime de deux gaillards comme Enzo et Gianni, on y tient.

---

1. Voilà.

Il va donc rentrer chez lui. Il n'en sont pas loin heureusement. Les deux autres l'attendent.

Et Luigi est arrivé dans le logis en effervescence. Mamma Maddalena pétrit la pâte des raviolis. Elisa hache la viande et les herbes qui doivent composer la farce. Personne ne se rend compte qu'il entre et qu'il sort. Il a pris un panier. Avec couvercle. Et il rejoint les autres.

Beppo, habitué à toutes sortes de jeux avec son maître, ne fait aucune difficulté pour s'installer dans l'abri qu'on lui propose. On lui fait la morale. Et l'on ferme le couvercle.

Et les voici dans l'autobus. Le trajet paraît interminable à Luigi. Le receveur a l'air de le regarder d'un air étrange. S'il devine la présence de Beppo? S'il demande à voir ce qu'il y a dans le panier?

La dame, qui est assise en face, a des yeux perçants, insistants.

Aïe! Beppo a couiné. Ce qui prouve qu'il s'est endormi. Luigi connaît sa façon de pousser des petits cris dans son sommeil. Alors, pour donner le change, il fait mine d'être l'auteur du bruit. Il siffle. Il chantonne. Et Enzo et Gianni qui ont compris se donnent de grands coups de coude en riant aux éclats. Eux, ils sont parfaitement à l'aise. Ils ont posé sur le plancher, l'un sa boîte, l'autre ses journaux. Ils se prélassent sur leur siège. Et mâchent leur chewing-gum avec une désinvolture que le petit voudrait bien imiter. Mais hélas, le regard de la dame ne le quitte pas une seconde. Et il n'ose plus bouger. Il en a des crampes dans le cou.

Enfin l'autobus est arrivé.

– Faut qu'on parte. On va travailler. On se reverra plus tard.

On réveille Beppo. On lui donne sa liberté sur le trottoir.

Et les deux grands laissent Luigi. Ahuri. Bousculé par la foule. Avec son chien aussi désorienté que lui. Et son panier encombrant.

14

UN TERRIBLE MARCHÉ

A SA GAUCHE, les restaurants. Les trattorias. La mer, scintillante des mille feux d'un soleil accablant.

A sa droite, les grands hôtels somptueux.

Les promeneurs se pressent sur le large trottoir qui borde l'avenue. Des étrangers. Qui parlent diverses langues inconnues du petit. Des Napolitains, bruyants, chaleureux. Des Italiens venus d'ailleurs. Beaucoup ont l'accent du Nord.

Et Luigi se sent minuscule, perdu, dans cette animation. Beppo, lui-même, a perdu son allégresse. Il se serre peureusement contre son maître. Ils sont, tous les deux, dans un autre monde, bien différent de leur vieux quartier.

Mais cette belle journée d'été déborde de joie de toutes parts. Et Luigi se laisse peu à peu gagner par l'ambiance qui l'entoure. Il va. Oubliant ses soucis. Ecarquillant les yeux.

Dans la via Partenope, les façades splendides se

dressent devant lui. Etages immenses, larges vitres, où le soleil flamboie, et derrière lesquelles se meut tout un peuple de garçons en livrées. Il lit les enseignes. Pour Beppo qui semble intéressé. Hôtel Vesuvio. Hôtel Excelsior. Hôtel Royal. C'est beau. Tout est beau. Les clientes que l'on voit attablées ont des toilettes à faire rêver Tonia. Devant les entrées, des jeunes gens, superbement habillés de rouge, se précipitent pour prendre des valises. Et des plantes vertes partout. Avec d'extraordinaires feuillages, qui s'étalent, grimpent, retombent.

Luigi, pourtant, connaît déjà ce quartier. Il y est venu, la dernière fois, avec Aldo. Un jour où le frère aîné, désœuvré, avait lui-même proposé la promenade. Soirée mémorable pour l'enfant. Ils avaient mangé une glace. Et acheté un paquet de pralines. Mais, aujourd'hui, c'est peut-être encore mieux. Il est seul. Libre. Comme un grand. Et puis surtout il ne voit pas les choses de la même façon. Ou alors, la dernière fois, a-t-il porté beaucoup plus d'attention à la glace et aux pralines qu'à ce qui l'entourait.

Par exemple, il ne se souvenait pas qu'il y eût autant de restaurants dans le « borgo marinaro »[1]. Et le Castel dell'Ovo[2] lui avait paru plus petit.

Les jeunes touristes qui passent sont drôlement habillées. Jupes longues, châles bigarrés, coiffures disparates.

---

1. Petit port.
2. Le château de l'œuf.

L'enfant s'est assis sur le parapet. La mer, en bas, déferle contre la digue. Un petit souffle parfumé d'algues vient jusqu'à lui. Les promeneurs se dirigent avec entrain vers les trattorias[1]. Et Luigi rêve. Heureux.

Pourquoi tout à coup, le visage d'Angela a-t-il surgi à son esprit ? Est-ce à cause du passage de cette fille qui s'éloigne en bavardant avec ses parents ? Elle doit avoir l'âge d'Angela. Le garçon a aperçu une figure ronde. Des boucles brunes. Des jambes bronzées qui gambadaient. Faites pour courir. Sauter. Des jambes solides et joyeuses.

Le visage d'Angela est là, devant lui. Il ne peut plus le chasser de sa pensée. Joues creuses. Œil sombre. Nattes maigres, serrées de chaque côté du visage. Des queues de rats, dit l'impossible Tonia. Et puis le petit corps qui se disloque en marchant. Et le seuil gris où la fillette reste des heures à espérer. Et la voix d'Angela :

– Tu es gentil, Piccolo Pollo... Qu'est-ce que je vais être heureuse... Il faut te dépêcher...

Il faut te dépêcher... mais qu'est-ce qu'il peut faire, lui, le pauvre Piccolo Pollo ? Il a essayé. Il sait qu'il n'y arrivera pas. Angela continuera d'être prisonnière dans la ruelle étroite. Elle ne pourra pas admirer, d'ici longtemps, la mer éblouissante. Les promeneurs de l'été.

Oui, il sait, il a promis. C'est de sa faute. Et maintenant, elle attend.

---

1. Restaurants.

Il ne se rend même pas compte qu'il a pris sa tête à deux mains. Et qu'il parle tout haut. Mais les passants ont bien autre chose à faire que de l'écouter.

Il s'est levé.

— Allez, Beppo. On va au travail.

Et il retourne sur ses pas. Il voit, de loin, les noms des restaurants. Le Bersagliera. Avec sa tête de femme chapeautée et emplumée. Le Starita. Le Santa Lucia. Il suit le petit pont. Le voici au « borgo marinaro ». De tous côtés s'ouvrent les entrées des trattorias. Les terrasses sur pilotis, surplombent l'eau. Des menus s'étalent en grosses lettres devant chaque établissement. Et derrière les vitres, les gens mangent des quantités de choses qui sont certainement succulentes : des huîtres, des langoustes, comme celles qu'il a vues chez le poissonnier. Des viandes rôties. Et cela sent bon jusque dans la rue. Et les serveurs se démènent. Et Luigi a un regard admiratif. Enzo a raison. Aucune comparaison possible avec l'établissement crasseux de Giuseppe et ses ragoûts. Il y a certainement du travail pour lui, dans ce coin.

Sur le côté, se trouvent les cuisines. L'enfant s'approche de celle du premier restaurant.

Dans la salle enfumée, c'est la fournaise. Un chef, en toque blanche, donne des ordres. Des employés remplissent des plats. D'autres, dans un angle, ouvrent des huîtres. Des garçons, en habit, arrivent, repartent, chargés de vaisselle, installée sur des plateaux, en fragile équilibre.

Le petit s'enhardit. Il entre. S'adresse au premier garçon rencontré. Bredouille quelques mots. Déclenchant l'indignation de l'autre qui n'a rien compris.

– Encore un mendiant ! Allez file ! Si on les écoutait tous, on n'en finirait plus !

Et on le pousse sans ménagement vers la porte.

Il n'en est pas étonné. Il commence par avoir l'habitude. Mais il ne va pas se décourager pour si peu.

Il se trouve, maintenant, devant une nouvelle cuisine. Beppo, plus chanceux que lui dans ses recherches, a découvert, dans les détritus, une cuisse de poulet. A peine un peu rongée. Dont il se régale.

Là, il y a deux jeunes déjà embauchés. Ils raclent des assiettes sales. Vident des déchets dans une poubelle. Soulèvent et apportent des caisses de fruits. Balaient des monceaux de coques de moules vides.

Le chef daigne lui répondre. Non, pas de travail. Il arrive trop tard. Demain, peut-être. Si les autres ne font pas l'affaire.

Et, accompagné du regard furieux de ses deux devanciers, il s'en va à nouveau.

Et il recommence. Et partout on lui explique qu'il n'y a pas de travail. Ou qu'il est trop petit. Ou qu'on n'a pas le temps de l'écouter. Ou pas besoin de mendiants, ici.

Depuis combien de temps déambule-t-il ainsi dans le « borgo marinaro » ?

Il n'en peut plus. De répéter toujours la même chose. De marcher sous ce soleil brûlant. Sa tête tourne. Ses jambes vacillent. Il est désespéré. Affolé. Il n'y a plus rien à faire. A nouveau, sa volonté s'effondre. Il imagine les yeux d'Angela. Pleins de déception. Et pleins de reproches.

Il repasse le petit pont. Juste à la sortie, un pilier fait une flaque d'ombre qui tranche sur l'éclat du bitume surchauffé. Le garçon s'y assoit. A même le sol. Et se plonge dans d'amères réflexions.

Un homme, du côté du Castel dell'Ovo, attire son attention. Il est loin. Mais comme il est debout, sa silhouette se découpe nettement dans la lumière. Il gesticule. Et la brise apporte le son de sa voix. Il chante. Et Luigi voit des gens s'arrêter. Jeter une pièce. Repartir.

Alors l'enfant s'est levé. Il a posé son panier devant lui. Il reste un moment silencieux. Planté immobile sous le regard interrogateur de Beppo qui doit se demander s'il faut partir ou commencer à jouer.

Luigi ouvre la bouche. Il essaie un petit son. Qui n'arrive pas à sortir. Sa gorge est sèche. Serrée. Il tousse. Et recommence. Nul ne s'intéresse à lui. C'est mieux ainsi. Peu à peu, les battements fous de son cœur se calment. Et il continue. Un peu plus fort. Ce qui le gêne le plus, ce sont ses bras, ses mains. L'impression d'avoir des bras immenses, des mains gigantesques qui se balancent comiquement de chaque côté de son corps. Et il se décide finalement à croiser ses mains dans le dos.

Il chante. Les yeux baissés. Droit comme un piquet. La place n'est pas favorable. Les promeneurs défilent en parlant bruyamment. La voix du garçon se perd dans le brouhaha. Et il continue. Malheureux. Honteux. Raidi dans un entêtement qui le dépasse.

Soudain, une pièce tombe. Deux. Trois. Quelques pièces encore. Une dame dit :

— Quel petit bonhomme ! Il est amusant.

C'est vrai qu'il se sent tout petit au milieu de ces adultes étrangers, indifférents. Mais une pièce tinte à nouveau et ranime son courage.

Puis, plus rien. Les gens se lassent, ou s'habituent. Ils ne font même pas attention à l'enfant qui s'égosille, de plus en plus désespérément.

Alors il s'est arrêté. Il a compté sa recette. Cent cinquante lires. C'est dérisoire par rapport à tout ce qui lui manque.

Et il repart. Un marchand ambulant appelle les clients à grands cris. Luigi dédaigne même de jeter un coup d'œil à l'étalage. Non, pas de glace au coca-cola, aujourd'hui. Il n'a envie de rien. Pour lui, plus de joie dans l'air.

Il a franchi le parapet. Il est allé sur les rochers de la digue. Il a trouvé un petit coin d'ombre. Il s'est allongé... Maintenant il dort. Harassé. D'un mauvais sommeil. Plein de cauchemars. Angela pleure. Angela crie, l'accuse. Enzo et Gianni rient.

Et tout à coup, il s'éveille. L'ombre où il s'était installé, s'est déplacée. Le soleil cuit son dos. Sa nuque brûle. Il se relève. Et remonte vers le parapet. Est-ce qu'il est malade ? Est-ce qu'il va vomir ? Et Beppo ? Où est Beppo ?

Beppo est là. En face de lui. De l'autre côté de l'avenue. Devant le hall d'entrée du Vesuvio. Comment a-t-il traversé cette avenue, sillonnée d'autos roulant à toute allure ? Il n'est pas seul. Près de lui, une fillette se penche et lui parle. Et Beppo frétille. Et couine. Et attrape, heureux, le gâteau que la fillette lui tend.

Luigi traverse la rue. Il est devant l'hôtel Vesuvio. Beppo occupé par sa nouvelle amitié, ne le voit même pas. Et la fillette se tourne vers Luigi.

— Il est à toi, ce beau petit chien ?

Elle n'attend pas sa réponse. Elle est plus grande que Luigi. Avec une jolie robe brodée. Jaune et bleue. Et de longs cheveux brillants sur les épaules.

— Je te l'achète. Il sera mieux avec moi. Je l'appellerai Candy. Combien veux-tu ?

Le garçon la regarde effaré. Il a l'impression de ne pas comprendre tout ce qu'elle dit. C'est à cause de son mal à la tête certainement.

Elle se tourne vers une dame très élégante, qui attend dans le hall.

— Zia Giorgina[1], n'est-ce pas qu'il est beau et qu'il m'aime déjà ?

La dame a un petit signe de tête indulgent. Luigi ne sait plus où il en est. Il a certainement eu trop chaud au soleil. Il a la nausée. Et puis ses idées sont encore brouillées par son court sommeil. Ses mauvais rêves.

---

1. Tante Giorgina.

La petite fille parle. Sans arrêt. A la dame. A Beppo qu'elle a pris dans ses bras. Et qui se laisse faire. En rendant par de légers coups de langue les caresses de l'enfant.

Luigi comprend qu'elle s'appelle Sofia. Qu'elle habite en ce moment à l'hôtel Vesuvio. Que d'ordinaire elle vit à Rome. Mais elle parle tellement, qu'on arrive difficilement à suivre tout ce qu'elle dit.

— Voilà. Je te l'achète.

Il sursaute. Il ouvre la bouche. Elle ne lui laisse pas le temps de répondre. Tout en tenant Beppo contre elle, elle fouille dans son sac. En tire une liasse de billets.

— Voilà. C'est tout ce que j'ai. Tu pourras t'en acheter des choses avec cela !

Elle lui a remis l'argent dans les mains. Il regarde les billets. Ahuri. Il ne peut en croire ses yeux. Il compte. Cinq mille lires[1]. Il rêve. Ce n'est pas possible.

Dans le grand escalier de l'hôtel, Beppo s'éloigne déjà. Aux bras de sa nouvelle maîtresse. Sans un regard en arrière. Sans un jappement d'adieu.

Et Luigi reste là. Figé. Les yeux fixes. Le cœur tordu par une souffrance intolérable qui l'étouffe.

Il va crier. Il va appeler. Un garçon en uniforme s'est approché.

— Allez, allez, circule. Faut pas rester là.

Les billets sont encore dans la main du petit. On va le prendre pour un voleur. Il s'affole et met

1. Environ 25 francs.

précipitamment la liasse dans son panier. Et il part. Reniflant. Un garçon, ça ne pleure pas dans la rue. Il n'arrive pas à comprendre ce qui lui est arrivé. Pourtant le fait est là. Il a vendu Beppo. Pour cinq mille lires.

Il soulève le couvercle du panier. Contemple cette somme d'argent. Qui est à lui. Et qui représente la voiture d'Angela et bien plus encore.

Il va. Bousculé par les passants. Encombré de son panier. Reniflant de plus belle. Il a envie de crier :

– Beppo ! Beppo !

Et puis subitement il se met à parler tout seul. Il marmonne des prières, des plaintes. Implore Dieu, la Vierge, Santa Lucia. On doit le prendre pour un fou.

Il est devant la station d'autobus. Un car arrive justement. Il y monte. Il n'en est plus à cinquante lires près, maintenant.

Et le voici chez lui. L'animation est telle qu'on ne lui demande même pas où il est allé tout l'après-midi.

Il s'est réfugié dans la chambre. A mis la liasse de billets dans son mouchoir, noué soigneusement ce dernier. Et l'a ensuite épinglé au fond de sa poche.

Dans la pièce voisine, Elisa chante en mettant la table. Mme Nocetto inonde la ruelle de la musique de sa radio. Angela doit être sur le seuil. A attendre. Il n'a pas le courage de sortir ce soir. Demain, peut-être. On verra.

Angela aura sa voiture. Mais pour lui, c'est fini, plus de bonheur, plus de jeux sans Beppo. Il se roule dans le noir contre le lit de ses parents. Ce soir, nul ne se soucie de lui dans le petit logis. Tous sont bien trop occupés.

Il voudrait mourir.

15

LA FIN D'UN CAUCHEMAR

DIMANCHE. Et depuis trois jours, Luigi vit comme un enfant traqué. Chaque fois qu'il est allé au marché, il a couru par les ruelles. Redoutant de rencontrer Gianni ou Enzo. Prêt à se fondre dans la foule à la moindre alerte. Par deux fois, Angela a essayé de lui parler à son passage. Il a vaillamment répondu par un petit signe de tête guilleret et a pris un air mystérieux et très occupé. Elle doit mettre cela sur le compte de l'activité qui remplit la maison Falcone en ce moment. Mais cela ne doit pas la consoler de l'attitude du garçon. Luigi l'a bien vu à son air triste et inquiet. Et il en est très malheureux.

Dans deux jours, le délai, demandé au brocanteur Luciano, expire. Il faudra se décider. Tout raconter aux autres. Et utiliser cet argent. Le prix de Beppo.

Les billets sont toujours au fond de la poche du pantalon. Le petit n'a plus osé les sortir. Quand il plonge sa main et sent leur froissement sous ses doigts, il sursaute.

C'est la nuit, particulièrement, que son chagrin se fait plus vif. Le jour, on lui demande tant de choses ! Il s'étourdit un peu dans cette agitation. Porter les gants à M. Martino. Aller à l'épicerie. Aider Elisa à faire briller les quelques meubles du logis et Mamma Maddalena à astiquer les vitres de la fenêtre et du buffet. On effectue un nettoyage en grand depuis deux jours. Les fiançailles d'Elisa auront lieu la semaine prochaine.

Elisa, c'est l'autre déception de Luigi. Elle rit. Elle chante. Elle bouscule les gens, les choses. Mais elle semble ne plus avoir le temps de câliner l'enfant comme autrefois.

Il y a pire encore. Personne ne s'est aperçu dc la disparition de Beppo. Le petit chien ne tenait pas beaucoup de place. Seul Luigi s'était toujours occupé de sa nourriture, de ses promenades. Mais tout de même, Beppo vivait depuis deux ans près d'eux ! Peut-être était-il trop sage, trop facile à vivre, les grandes personnes ne s'apercevaient plus de sa présence Comme elles ne se rendent pas compte aujourd'hui de son absence.

Est-ce que Mamma Maddalena va permettre qu'on achète la poussette ? Pourtant Beppo était à lui. Et à lui seul.

Ce matin, tout le monde est allé à la messe. Sauf Tonia qui a fait une scène avant de partir. Car, ce dimanche-là, elle est le seul membre de la famille à travailler. Luigi n'a rien dit. Mais pour une fois, il était bien d'accord avec elle.

L'inévitable Vincenzo s'est joint à eux, naturellement. Inutile donc, pour le petit, d'espérer une attention quelconque d'Elisa. Elle n'a d'yeux que pour son fiancé. Elle n'a même pas demandé à l'enfant s'il avait un mouchoir dans sa poche. Même pas vérifié, comme elle le fait d'habitude, s'il avait boutonné sa chemise et remonté ses chaussettes.

Quant à son père et à sa mère, ils sont bien trop affairés par la préparation des fiançailles. La tristesse de leur garçon leur échappe complètement. Il se sent seul. Abandonné de tous. Et malheureux comme jamais il n'aurait pu l'imaginer.

Cette nuit, il a encore pleuré. Sans bruit. Il a revu Beppo, petite boule sombre, quand Mamma Tina le lui a apporté. La chienne de la voisine ayant eu six chiots, on avait offert l'un d'eux à Luigi. Il s'en souvient comme si c'était hier. Beppo, tout rond, tout noir. Beppo têtant ses premiers biberons. Beppo donnant ses premières caresses.

L'enfant a failli crier dans la nuit :

— Beppo ! Beppo !

Il s'est retenu. A mordu ses draps. Et pour calmer son angoisse, il a essayé de penser à Angela. Car au fond, c'est cela l'important. C'est qu'Angela soit moins malheureuse. Elle aussi, elle est son amie. Et Beppo n'est qu'un chien, n'est-ce pas ? Et il sera heureux avec Sofia. Tandis que la pauvre petite Angela...

Mais tous ces beaux raisonnements n'ont guère d'effet.

Il ne sortira encore pas, aujourd'hui. Ils n'ont

qu'à aller au cinéma, tous. Lui, il restera là. Dans l'ombre du logis. A l'abri des questions d'Angela. De l'exubérance de Gianni et d'Enzo qu'il risquerait de rencontrer.

Après le repas, Mamma Maddalena est allée se préparer. Ce n'est pas une mince affaire. Doit-elle mettre un foulard sur ses cheveux ? Enfiler une veste sur sa robe à fleurs ? Se coiffer avec un chignon haut sur la tête ou bas sur la nuque ?

Elisa s'est dépêchée de laver la vaisselle, et de remettre la maison en ordre. Elle aussi a revêtu sa plus jolie robe. Ses yeux brillent. Et Luigi la trouve jolie, aujourd'hui.

Quant au père, il est prêt depuis longtemps. Et il grommelle devant la porte, à l'adresse des femmes toujours en retard.

Puis Vincenzo et sa mère arrivent. Et, sous les souhaits de bon après-midi des voisins, tous s'en vont.

Et Luigi est resté. Lamentable. Inoccupé. Dans la maison déserte.

Il s'est assis par terre. Il a mis ses coudes sur ses genoux. Et, sa tête appuyée dans ses mains, il se laisse aller à d'amères réflexions.

Mais quelqu'un vient d'entrer. C'est Aldo. Qui le regarde gravement. Pourquoi est-il encore ici ?

— Je te croyais sorti, bredouille le petit.

— Non. Répond le jeune homme, je ne sortirai que ce soir. Cet après-midi, je voulais me reposer.

Il examine l'enfant. Avec insistance. Et Luigi s'est levé. Mal à l'aise.

Mais Aldo lui a pris le bras et le pousse vers la lumière de l'entrée.

— Fais voir un peu…

Il se penche sur l'enfant.

— Tu as les yeux rouges. Et je t'ai entendu pleurer cette nuit. Il fallait leur dire que tu avais du chagrin de ne pas aller au cinéma. Ils l'auraient compris.

C'est donc cela. Le grand frère a trouvé une cause valable à la tristesse du petit. Lui aussi le prend pour un Piccolo Pollo gâté, capricieux.

Aldo a attiré l'enfant contre lui.

— Elisa est heureuse. Il ne faut pas être jaloux. Elle nous aimera autant, tu sais.

Il devine beaucoup de choses, Aldo. Mais le principal, l'absence de Beppo, lui a échappé. Et l'enfant retient ses larmes. Et l'envie de se confier. De se débarrasser d'un seul coup de cette position de coupable dans laquelle il se débat. Aldo saurait peut-être l'aider. Mais s'il parle maintenant, il sent qu'il va se mettre à pleurer. Comme un idiot. On ne peut rien dire avec une boule douloureuse qui vous écrase la gorge.

Aldo se lève.

— Tu te souviens de la promenade que nous avions faite jusqu'au « borgo marinaro » de Santa Lucia ? Hé bien, on va recommencer cet après-midi. Tu veux bien ?

Oui, Luigi veut bien. Mais sans enthousiasme. Le « borgo marinaro ». L'hôtel Vesuvio. Il ne faudrait pas aller de ce côté.

Aldo le presse.

— Vite, lave ta figure et tes mains. Coiffe-toi aussi.

Et ils partent. Jusqu'à la station où l'autobus s'arrête. Ils ont des places assises. Mais les quartiers traversés défilent sans intérêt devant les yeux du petit. Et le grand frère, navré par cette évidente morosité, promet :

— Je t'achèterai une glace.

On le prend vraiment pour un bébé. Pourtant on a beau avoir gardé des joues rondes, des fossettes, des cheveux bouclés, on peut ressentir un gros chagrin. Un chagrin sérieux. Qui n'a rien à faire de la consolation d'une glace ou d'un paquet de pralines.

L'avenue Santa Lucia les a menés jusqu'au « borgo marinaro ». Aldo s'ingénie à distraire l'enfant. En lui montrant des touristes curieusement accoutrés. Les gourmets qui, dans les restaurants, avalent des quantités de coquillages. Un voilier qui, là-bas, ressemble à une grande mouette posée sur l'eau.

Mais rien ne déride aujourd'hui le visage enfantin. Ni la glace offerte par le grand frère. Ni le paquet de pralines. Auxquelles il ne goûte même pas. Ni l'animation environnante. Rien.

Et Aldo commence à se poser des questions. Y a-t-il quelque chose de grave qu'il ignore ? Il va essayer d'obtenir quelques éclaircissements.

— Ecoute, Luigi, si tu as des embêtements, tu peux me les dire, tu sais.

L'enfant a levé sur lui un regard troublé. Oui, c'est le moment de se confier à Aldo. Et il faut trouver les mots justes. Par où commencer ?

Le petit se gratte la tête. Ouvre la bouche. Et tout à coup, son visage rougit. Ses yeux s'écarquillent. Et ses lèvres tremblent.

En face d'eux, il y a l'hôtel Vesuvio. Et Sofia vient de sortir de l'hôtel, accompagnée de sa zia Giorgina et tenant Beppo en laisse.

Aldo n'a vu que l'émotion du petit. Il n'y comprend rien.

— Qu'est-ce que tu as ?

L'enfant est muet. Paralysé.

Et soudain, Sofia l'aperçoit. Et le reconnaît. Elle fait de grands gestes. Attend une halte dans le passage des voitures. Traverse en courant. Toujours suivie de sa tante.

— Hé ! dis ! Hé, dis ! c'est bien toi qui m'as vendu le petit chien.

Elle rit. Secoue au vent sa longue chevelure brune. Luigi, bouche bée, agite affirmativement la tête. Tandis que Beppo se jette avec exubérance dans les jambes de son ancien maître.

— Tu ne veux pas le reprendre ? C'est compliqué. Nous ne retournerons pas à Rome immédiatement. Nous allons à Florence, d'abord. Et Candy aboie la nuit. A l'hôtel, mes parents disent que ce n'est pas possible. Si tu ne le veux plus, je le donnerai à quelqu'un d'autre.

Jamais encore, Luigi n'avait ressenti cette impression folle qui le transporte qui le bouleverse, qui lui donne envie d'embrasser Sofia. De se mettre à chanter très fort. De sauter et de gambader.

Il prend la laisse. Dégrafe le collier. Beppo n'est pas fait pour être enchaîné. Et l'enfant et le chien se bousculent réciproquement. Se parlent avec de petits cris dont eux seuls ont l'air de comprendre le sens. Devant un Aldo renfrogné, ennuyé, dépassé par les événements.

Luigi est trop à sa joie pour en être assombri. Aldo saura tout dans un moment. Mais il faut être honnête. Et penser au marché qui fut conclu il y a trois jours. Alors le petit fouille dans sa poche. Sort le mouchoir noué. Compte les billets qui doivent revenir à Sofia.

— Qu'est-ce que tu fais ? S'exclame la fillette en riant. Mais non ! Tu peux les garder. Tu m'as prêté ton chien trois jours, d'ailleurs, je me suis bien amusée avec lui. Et puis tu sais, je n'ai pas besoin de cet argent. J'en ai d'autre. N'est-ce pas zia Giorgina ?

La dame aux cheveux gris, qui est près d'elle et contemple, amusée, cette scène, approuve.

Et Aldo a une mine de plus en plus stupéfaite. De plus en plus sévère.

Le petit essaie de protester, de rendre tout de même les billets. Il s'embarrasse dans ses remerciements. Mais Sofia le fait taire. Elle esquisse une moue d'enfant gâté. Tape un peu du pied. Et s'exclame en levant les yeux au ciel.

— Tu es fatigant. Il n'y a que toi qui parles, ici ! Laisse-moi plutôt dire adieu à Candy.

Elle se penche sur Beppo. Le prend dans ses bras. L'embrasse.

— Tu sais, je l'aimais bien. Je crois que je l'aurais rendu heureux. Mais je suis sûre que tu lui manquais. C'est pour cela qu'il aboyait la nuit.

Naturellement, qu'il lui manquait. Il le savait bien que Beppo ne pouvait vivre sans lui. N'empêche qu'il a accepté de suivre Sofia pour un gâteau, jeudi passé. Et qu'il s'est laissé mettre une chaîne et un collier, ce renégat.

La petite Romaine et sa tante se sont éloignées. Luigi s'est baissé près du chien. Il gronde l'infidèle d'une grosse voix. Il approcha sa tête du doux pelage sombre. Pouah ! Le traître s'est même laissé parfumer ! Un vrai chien de luxe. Mais on va changer cela. Et vite.

— Allez, viens Aldo ! On va le laver à la mer. Et puis je t'expliquerai cette histoire.

L'enfant et le chien ont enjambé le parapet. Ils dévalent les éboulis de pierres. Aldo les suit.

Ils sont arrivés au bord de l'eau, dérangeant les pêcheurs grognons. Mais tout s'arrange. Il y a une petite place, à l'écart.

Et Beppo est plongé, frictionné, séché en quelques minutes.

— Là, tu sens meilleur maintenant. Tu sens le poil. Comme un vrai chien, déclare Luigi, satisfait.

Aldo s'est allongé sur un rocher. Il ne dit plus rien. Il semble attendre un éclaircissement sur cette étrange affaire.

Alors, Luigi s'est assis près de lui. Et il commence

à raconter. Depuis le début. Depuis la fête du baptême. Aldo va le comprendre. L'aider. Le conseiller. Il n'est plus seul dans cette aventure pleine encore de problèmes.

Aldo l'écoute, avec dans les yeux, une étincelle d'ironie qui gêne un peu le petit perdu dans ses explications.

Le grand frère demande enfin :

— Tu as voulu jouer au chevalier, dis?

— Ma che! Je m'en doutais! S'indigne l'enfant. Tu ne me comprends pas! Tu crois que j'ai voulu faire l'intéressant, me donner de l'importance, hein?

Il baisse la tête. Une boucle de cheveux, mouillée par l'eau de mer, lui tombe sur un œil. Il a l'air sincèrement désolé. Et Aldo s'attendrit. Il se soulève sur un coude. Pose sa main sur celle de Luigi qui relève son visage et déclare d'une voix inquiète :

— Je vais être grondé par nos parents. Ils vont tous me tomber dessus. Si toi aussi tu t'y mets, qu'est-ce que je vais devenir?

Aldo resserre sa main sur celle de l'enfant.

— N'aie pas peur... Je leur ferai comprendre que tu as été très courageux... Tu as fait cela, parce que Angela est ton amie, n'est-ce pas? Tu as raison, l'amitié c'est sacré. De vrais amis doivent s'aider.

Luigi approuve énergiquement à grands hochements de tête. Il ajoute :

— Et Angela est si malheureuse, Aldo!

— Bon, continue son frère. Mais si tu n'avais pas eu la chance de trouver cet argent... après ta promesse à Angela, qu'est-ce que tu aurais fait ? C'est grave, de promettre, tu sais ?

Le petit fronce les sourcils.

— Tu as raison. Ah ! Miseria de miseria ! Il y a des jours où j'ai eu envie de tout abandonner. C'était tellement difficile ! Mais je suis sûr que j'aurais continué à essayer de trouver du travail. Je sais qu'il faut tenir une promesse.

— Oui. C'est bien. Mais si on ne t'avait pas rendu Beppo ?

Le petit chien, couché près d'eux, dresse les oreilles en entendant son nom. Luigi le caresse avec gravité.

— Mamma Mia ! Qu'est-ce que j'aurais été malheureux ! Mais une petite fille qui souffre, c'est important... et je me serais dit que Beppo était heureux, lui, dans cette famille romaine...

Aldo a lâché la main du garçon. Il appuie sa tête au rocher qui est derrière lui. Il contemple le visage rond et sérieux de l'enfant.

— Allez, on va chanter, tu veux ?

— Ecoute, Aldo..., murmure le petit d'une voix qui tremble encore. Tu crois que Mamma Maddalena et papa me laisseront disposer de l'argent de la poussette ?

— Ça c'est une autre histoire, avoue le jeune homme, en haussant les épaules. Je ne peux rien te dire à l'avance. Mais je te promets de bien te défendre... Elisa aussi sera de ton côté, tu peux en être certain.

Un sourire confiant creuse les fossettes de Luigi.

Puis il sort sa fortune. Bien enveloppée du mouchoir. Il déplie les billets. Range les pièces par piles.

Et il compte. Avec application. En se mordant les lèvres. Puis il s'exclame :

— Tu te rends compte, Aldo ! J'ai 5 700 lires !

Et il ajoute fièrement :

— Il y a 700 lires que j'ai gagnées tout seul, en travaillant.

— Et la poussette coûte combien exactement ? interroge Aldo.

— 4 500 lires. Tout ce qu'il y aura en plus je le donnerai à Mamma Maddalena, naturellement...

— Hum... On verra bien... En attendant, faut pas se faire trop de souci à l'avance. Allez, on va chanter.

Aldo mime un accompagnement sur une guitare imaginaire. Et leurs voix se mêlent, emportées par le vent. Ce soir il y aura certainement Vincenzo à la maison. On ne pourra affronter les discussions familiales que demain. Et demain il sera bien temps de se morfondre de crainte.

Oui, il sera bien temps. Le soleil se couche sur la baie de Naples. Le vert des flots vire au violet. Et le bleu du ciel se teinte de rouge. Les deux garçons ne chantent plus. Ils rêvent. Il fait délicieusement bon sur les rochers encore tièdes.

16

UN CARROSSE POUR ANGELA

CES TROIS JOURS, Luigi s'en souviendra jusqu'au moindre détail.

Lundi d'abord. Dès le matin, Mamma Maddalena s'en va, reprendre son poste, avenue Santa Lucia. Aldo, avant de partir, vient souffler à l'oreille du petit :

– Ne t'en fais pas. Je rentrerai tôt, ce soir.

Facile à dire, ne t'en fais pas. N'empêche que dès dix-sept heures l'enfant guette avec angoisse sur le pas de la porte.

Elisa, mise au courant par Aldo, calme son impatience.

– Va jouer avec Angela. Elle a été très malheureuse que tu ne t'occupes pas d'elle pendant ces derniers jours.

Pas s'occuper d'elle ! Qu'est-ce qu'il a fait d'autre en s'exténuant au travail, en sacrifiant Beppo, en perdant le sommeil des nuits entières ?

A dix-huit heures trente, Aldo est arrivé. Puis la

mère. Puis le père. Est-ce un signe du destin ? Toute la famille se trouve réunie extraordinairement à dix-neuf heures.

Mais ce n'est pas l'esprit très optimiste que l'enfant vient s'asseoir sur le seuil des Di Meglio, près d'Angela, qui, dès le début, lui sert quelques phrases acides et s'enferme ensuite dans un mutisme exaspérant. Il aurait pourtant bien eu besoin de réconfort durant cette épouvantable attente. Bon. Il connaît sa manière. Plus elle est triste, plus elle est de mauvaise humeur.

— On ne t'a pas vu depuis trois jours... On dirait que c'est toi qui te fiances... Tu préfères rester avec les grandes personnes... Tu te prends pour un personnage indispensable...

Il est énervé ce soir. Il y a de quoi. Mais lui répondre qu'elle n'est qu'une bavarde et une méchante ne le rend pas plus malin.

C'est fini. Ils ne se parlent plus. Elle, elle triture une de ses nattes. Front baissé. Lui, il essaie de deviner ce que disent les voix qui parviennent du côté des Falcone. C'est qu'il va en avoir des comptes à régler. Ses escapades sans permission. Ses travaux clandestins. La vente de Beppo. Qu'est-ce qu'il va prendre ! Et cette somme si douloureusement gagnée, que vont-ils décider à son sujet ?

Pour l'instant, tout a l'air assez calme au logis. Et il commence à se laisser aller à d'heureuses prévisions.

Mais, tout à coup, le timbre puissant de Mamma Maddalena retentit. Des exclamations. Des cris.

Suivis tout aussitôt d'une avalanche de mots qu'on ne comprend pas du dehors.

Mme Nocetto qui épluche des pommes de terre devant sa porte, se tourne vers l'enfant :

– C'est encore toi, qui as fait des bêtises ?

Il ne répond pas. Rentre la tête dans les épaules. Et attend. Prêt à tout subir. Et ça ne tarde pas.

Elisa appelle par la fenêtre.

– Luigi, viens !

Il est debout, et se dirige vers son logis. Maintenant, il va se défendre. Il est décidé. Il va pouvoir expliquer à son tour...

La voix d'Angela se fait entendre près de lui. Une voix douce. Un peu effrayée.

– Luigi... n'aie pas peur. S'ils sont tous contre toi... s'ils te grondent trop... viens vite ici... je te cacherai.

Oh ! Le merveilleux réconfort... Il sourit. Redresse les épaules. Et rentre.

Autour de la table, la famille rassemblée se tait. Sur la table, l'argent gagné par Luigi. Sorti et étalé par Aldo. La preuve du délit. Et dont, en ce moment, il n'est pas fier du tout.

Et aussitôt, la voix de Mamma Maddalena s'élève. Véhémente. Outrée.

– Ah ! Te voilà, toi ! Alors, dis-moi ce que tu penses de ton père et de ta mère, hein ? Il n'y a que toi qui connais la charité, dis ? Nous, on n'est pas des chrétiens, peut-être ? Tu crois qu'on pourrait te prendre cet argent que tu as gagné pour cette petite ?

Elle lève les bras au ciel.

— Ma che ! J'ai un fils qui est fou. Santa Maria, faites-lui comprendre que je n'oserais même plus entrer dans l'Eglise si je faisais une chose pareille.

Son mari pose une main apaisante sur son épaule.

— N'exagère pas ? Maddalena...

Elle souffle bruyamment. Eponge son front. Et déclare, d'une voix très calme. Totalement changée.

— Ma ! Quelle chaleur ! Ouvre un peu la fenêtre.

Et pendant qu'Aldo obéit, elle interroge Luigi.

Alors, tu l'achètes quand, cette voiture ?

Elisa ne laisse pas à l'enfant le temps de répondre.

— Mamma... et si Mme Di Meglio refuse...

Alors là, Mme Falcone se lève.

— Bon... Hé bien, on va voir ça.

Et elle sort. Suivie de la famille au complet. Et on explique. Et les voisines alentour, intriguées par ce bruit, arrivent. Et on discute encore.

Finalement, Mamma Maddalena a le mot de la fin :

— Madame Di Meglio, faut pas vous en faire... d'accord, vous voulez pas qu'on vous la donne, la poussette... Alors, on vous la prête... parce que, plus tard, Elisa, elle se dépêchera de nous donner un petit, et il lui faudra une voiture.

Elisa rougit. Tous applaudissent. Angela et Luigi rient aux éclats.

Voici donc pour le lundi. Et le mardi, les choses se précipitent bien davantage.

Enzo, Gianni et Luigi sont allés chez Luciano. On a payé. Non sans discuter encore un peu. On a pris la poussette. Et dans la courette, attenante au logis des Falcone, on commence les réparations.

C'est vrai, qu'il est adroit, Spago!

Enzo a apporté un pot de peinture grise, presque entier. On ne cherche pas à savoir d'où il le tient.

Luigi fait le commissionnaire. Il court demander aux voisins, tantôt un écrou, tantôt une vis. Et chacun s'empresse d'offrir ce qu'il a de mieux pour aider les enfants.

Angela est venue les rejoindre dans la courette. Elle les regarde s'activer. Ravie.

De temps à autre quelqu'un passe. Un habitant de la ruelle. Un marchand ambulant. Qui donne un conseil. Un encouragement. Il semble que tout le quartier soit concerné par l'entreprise des trois garçons.

Et puis voici Mme Nocetto. Elle a un mètre de couturière à la main. Ne dit pas un mot. Prend des mesures. L'air mystérieux. Et s'en va.

Les garçons ne cherchent pas à comprendre. Ils ont trop à faire. Ils vissent. Grattent. Frottent. Huilent. Peignent. Et peu à peu la voiture prend un aspect très convenable. Quand on la pousse, elle ne fait même plus de bruit. Les roues tournent rond. Tout ce qui est en métal a été astiqué. Et la peinture grise a camouflé le reste.

Ils contemplent leur œuvre. Satisfaits. Presque émus.

Maintenant, il faut laisser sécher. Une nuit. Demain, Angela pourra l'essayer.

Et le mercredi est arrivé.

Dès son réveil, Luigi a couru à la poussette. Mais Angela l'a devancé. Et sa mère. Et son père. Et Mme Nocetto. Et les autres voisins. Même Gianni et Enzo. Et tous admirent le travail effectué. La peinture est sèche. Angela va pouvoir étrenner son véhicule.

— Une minute, déclare Mme Nocetto. Attendez-moi, je reviens.

Elle est allée à son appartement. Et elle en revient, portant triomphalement deux jolis coussins qu'elle a faits en une soirée. Dans une cretonne à fleurs. Un pour le siège. L'autre pour le dossier.

On s'extasie. On les installe.

Et Angela vient s'asseoir dans la petite voiture. Sa tête s'appuie sur le coussin fleuri. Elle allonge ses jambes sur le marchepied. Un merveilleux sourire éclaire son visage.

Elle s'adresse aux trois garçons :

— Allez, vous êtes mes trois chevaux, tirez-moi mon carrosse.

Ils ne se le font pas dire deux fois. Luigi au milieu, les deux grands de chaque côté. Ils ne tirent pas, mais poussent. Jusqu'en haut de la ruelle. Jusqu'à la petite place où les marchands se pressent. Angela, qui n'en a pas vu autant depuis de longs mois, se tait et découvre son quartier avec des yeux éblouis.

Beppo, grand maître des cérémonies, trottine devant l'équipage, et ouvre la marche par des jappements pleins d'allégresse.

TABLE DES MATIÈRES

Cet ouvrage a été
composé par
EUROCOMPOSITION
Imprimé par
BRODARD & TAUPIN
relié par
A.G.M.

Imprimé en France